DEUTSCH ALS FREMDSPRACHE

Silke Hilpert | Daniela Niebisch

Sylvette Penning-Hiemstra | Franz Specht

Monika Reimann | Andreas Tomaszewski

unter Mitarbeit von Marion Kerner | Dörte Weers

Schritte 3
international

Kursbuch + Arbeitsbuch

D1438521

Grahame

020 8878 8387

grahamemoney @ yahoo. co. uk

Jasna

Zameka
Vera
Mike
Ros — bike
David — wimbledon
John
Nick ?
Rod
Chris — X ✓
Jill ✓
Russel
Sally sister
Rich — gets shirt ✓
Robert X
Veronica
Crostine — scarf
anne English
Klara
Sasmya
Michael
B.b —

Hueber Verlag

Ecersollbruchstellenverursacher

Beratung:

Prof. Dr. Jörg Roche, Ludwig-Maximilians-Universität München

Christina Antoniadou, Goethe-Institut Thessaloniki

Fotogeschichte:

Fotograf: Alexander Keller, München

Darsteller: Martina Fuchs-Dingler, Francesca Pane, Anna von Rebay, Tim Röhrle, Emil Salzeder und andere

Organisation: Iciar Caso, Weßling

Phonetik:

Monika Bovermann, Heitersheim

Interaktive Übungen für den Computer:

Barbara Gottstein-Schramm, München

| 12. 11. 10. | Die letzten Ziffern |
| 2020 19 18 17 16 | bezeichnen Zahl und Jahr des Druckes. |

Alle Drucke dieser Auflage können, da unverändert,
nebeneinander benutzt werden.
1. Auflage
© 2006 Hueber Verlag GmbH & Co. KG, 85737 Ismaning, Deutschland
Zeichnungen: Hueber Verlag/Jörg Saupe
Layout: Marlene Kern, München
Verlagsredaktion: Dörte Weers; Marion Kerner; Jutta Orth-Chambah, Hueber Verlag, Ismaning
Druck: Stürtz GmbH, Würzburg
Printed in Germany
ISBN 978-3-19-001853-6

Art. 530_16251_001_10

AUFBAU

Symbole / Piktogramme

Kursbuch		Arbeitsbuch	
Hörtext auf CD	CD 1 05	Hörtext auf CD	CD3 12
Grammatik	auf stehen → **aufgestanden** ab holen → **abgeholt**	Vertiefungsübung	Ergänzen Sie.
Hinweis	jemand ←→ niemand	Erweiterungsübung	Ergänzen Sie.
Aktivität im Kurs			
Redemittel	*Sind Sie schon mal ...?* *Haben Sie ...?* *Ist Ihr Gepäck schon ...?*		

Inhalt Kursbuch

5

Sport und Fitness

Grammatik

- reflexive Verben:
  sich bewegen, sich setzen, ...
- Verben mit Präpositionen:
  denken an, sich treffen mit, ...
- Fragewörter und Präpositionaladverbien:
  Worauf? – Darauf.

Ausbildung und Karriere

Grammatik

- Präteritum der Modalverben:
  musste, konnte, ...
- Konjunktion *dass*:
  *Es ist wichtig, dass man eine
  gute Ausbildung hat.*

Feste und Geschenke

Grammatik

- Dativ als Objekt:
  meinem Vater, deiner Oma, ...
- Stellung der Objekte:
  Du gibst es ihr.

Vorwort

Liebe Leserinnen, liebe Leser,

Schritte international ist ein Lehrwerk für die Grundstufe. Es führt Lernende ohne Vorkenntnisse in jeweils zwei Bänden zu den Sprachniveaus A1, A2 und B1, wie sie im Gemeinsamen Europäischen Referenzrahmen definiert sind. Gleichzeitig bereitet *Schritte international* gezielt auf die Prüfungen der Niveaustufen A1 und A2 und *Zertifikat Deutsch* (Stufe B1) vor.

Das Kursbuch

Jede der sieben Lektionen eines Bandes besteht aus einer Einstiegsdoppelseite, fünf Lernschritten A bis E, einer Übersichtsseite sowie einem Zwischenspiel. Die Lernschritte A bis E sind jeweils auf einer Seite abgeschlossen, was einen klaren und transparenten Aufbau schafft.

- **Einstieg:** Jede Lektion beginnt mit einer Folge einer unterhaltsamen Foto-Hörgeschichte. Die Episoden bilden den thematischen und sprachlichen Rahmen der Lektion. Der Handlungsbogen dient als roter Faden für die Lektion und erleichtert die Orientierung im Lernprogramm.

- **Lernschritt A bis C:** Diese Seiten bilden jeweils in sich abgeschlossene Einheiten und folgen einer klaren, einheitlichen Struktur:

  In der Kopfzeile jeder Seite sehen Sie, um welchen Lernstoff es geht. Die Einstiegsaufgabe führt den neuen Stoff ein, indem sie mit einem „Zitat" an die gerade gehörte Foto-Hörgeschichte anknüpft. Grammatik-Einblendungen machen die neu zu lernenden Sprachstrukturen bewusst. Die folgenden Aufgaben dienen dem Einüben der neuen Strukturen. Sie üben den neuen Stoff zunächst meist in gelenkter, dann in freierer Form. Den Abschluss des Lernschritts bildet eine freie, oft spielerische Anwendungsübung oder ein interkultureller Sprechanlass.

- **Lernschritt D und E:** Hier werden die vier Fertigkeiten – Hören, Lesen, Sprechen und Schreiben – nochmals in authentischen Alltagssituationen trainiert und systematisch erweitert.

- **Übersicht:** Die wichtigen Strukturen, Wendungen und Strategien einer Lektion sind hier systematisch aufgeführt.

- **Zwischenspiel:** Landeskundlich interessante und spannende Lese- und Hörtexte über Deutschland, Österreich und die Schweiz mit spielerischen Aktivitäten runden die Lektion ab.

Das Arbeitsbuch

Im integrierten Arbeitsbuch finden Sie:

- Übungen zu den Lernschritten A bis E des Kursbuchs in verschiedenen Schwierigkeitsgraden, um innerhalb eines Kurses binnendifferenziert mit schnelleren und langsameren Lernenden zu arbeiten
- Übungen zur Phonetik
- Übungen, die zum selbstentdeckenden Erkennen grammatischer Strukturen anleiten
- Anregungen zum autonomen Lernen in Form eines Lerntagebuchs
- Aufgaben zur Vorbereitung auf die Prüfungen der Niveaustufe A2 und *Zertifikat Deutsch*
- ein systematisch aufgebautes Schreibtraining
- zahlreiche Möglichkeiten, bereits gelernten Stoff zu wiederholen
- Lernwortschatzlisten

Die integrierte CD enthält alle Hörtexte des Arbeitsbuchs sowie interaktive Wiederholungsübungen für den PC/Mac.

Eine Wiederholungssequenz über den in je zwei Bänden erworbenen Lernstoff und ein Modelltest mit Tipps zur Prüfungsvorbereitung finden sich am Ende jeder Niveaustufe *(Schritte international 2, 4, 6)*.

Was bietet *Schritte international* darüber hinaus?

- Selbstevaluation: Mit Hilfe eines Fragebogens können die Lernenden ihren Kenntnisstand selbst überprüfen und beurteilen.
- Einen ausführlichen Grammatikanhang und eine alphabetische Wortliste am Ende des Buchs.
- Unter www.hueber.de/schritte-international finden Sie zahlreiche Übungen, Kopiervorlagen, Spiele, Texte und vieles mehr.

Viel Spaß beim Lehren und Lernen mit *Schritte international* wünschen Ihnen

Autoren und Verlag

1 **Stellen Sie sich vor: Wie heißen Sie? Was mögen Sie gern?**

2 **Gehen Sie herum und suchen Sie: Wer ...?**

Die erste Stunde im Kurs

FOLGE 1: *MARIA*

1 Sehen Sie die Fotos an. Was meinen Sie?

a Wohin fährt die Familie? Zum ...

b Wen holt die Familie ab?
Wer ist die junge Frau auf Foto 4?

Ich denke, das ist eine Verwandte.

Vielleicht ist sie ein Au-pair-Mädchen.

CD 1 | 2-9 | □□ **2** Sehen Sie die Fotos an und hören Sie.

3 Wer ist wer? Zeigen Sie: Kurt Susanne Larissa Simon Maria

4 Ergänzen Sie die Namen.

a ....: Sie war schon einmal verheiratet und hat eine Tochter. Sie lebt jetzt mit Kurt zusammen. Sie ist schwanger: Bald bekommt sie ein Baby.

b *Larissa*................................: Ihre Eltern leben getrennt. Sie und ihre Mutter leben jetzt mit Kurt und Simon zusammen.

c ....: Er war schon einmal verheiratet und hat einen Sohn.

d ....: Er ist der Sohn von Kurt.

e ....: Sie ist erst heute in Deutschland angekommen. Sie möchte hier als Au-pair-Mädchen arbeiten und Deutsch lernen.

5 Marias Reise. Kreuzen Sie an: richtig oder falsch?   richtig   falsch

a Sie ist schon um zwei Uhr aufgestanden.   ☐   ☐
b Der Bus zum Flughafen hat ein Rad verloren.   ☐   ☐
c Maria hat das Flugzeug verpasst.   ☐   ☐
d Sie hat im Flugzeug nicht geschlafen.   ☐   ☐

A1   **Ordnen Sie zu.**

a Warum fahren alle zusammen zum Flughafen?

b Susanne und Kurt brauchen ein Au-pair-Mädchen,

c Warum bekommt Maria das Wohnzimmer?

Weil es das einzige freie Zimmer ist.

weil sie viel arbeiten und das Baby bald kommt.

Weil Maria gleich die ganze Familie kennen lernen soll.

Susanne und Kurt brauchen ein Au-pair-Mädchen, **weil** sie viel **arbeiten.**
Warum bekommt Maria das Wohnzimmer? **Weil** es das einzige freie Zimmer ist.

A2   **Was denkt Maria? Warum ist sie bei einer deutschen Familie? Schreiben Sie.**

Ich habe Freunde in Deutschland.

Weil ich Freunde in Deutschland habe.

Ich spiele gern mit Kindern.

Ich finde Deutschland interessant.

....

Ich koche gern.

A3   **Nach einer Geschäftsreise: Hören Sie und variieren Sie.**

CD 1 10

▲ Warum bist du denn so müde?
● Weil ich die ganze Nacht nicht geschlafen habe.

Varianten:

glücklich – Du holst mich ab. ●   fröhlich – Ich habe einen Freund getroffen. ●

traurig – Ich kann heute Abend nicht mit dir essen gehen. ●

sauer – Ich möchte morgen nicht arbeiten.

Ich habe ... geschlafen.   ➡ Weil ich ... geschlafen habe.
Du holst ... ab.   ➡ Weil du ... abholst.
Ich kann ... essen gehen. ➡ Weil ich ... essen gehen kann.

A4   **Helfen Sie Klara! Finden Sie möglichst viele Ausreden mit *weil*. Sie haben fünf Minuten Zeit.**

Klara, ich habe gestern zwei Stunden auf dich gewartet. Warum bist du nicht gekommen?

Weil mein Hund krank war.

Weil ...

B1   **Lesen Sie, markieren Sie die Perfektformen und ergänzen Sie.**

Hallo Karin,

wir haben uns schon so lange nicht mehr gesehen. Das letzte
Mal vor zwei Jahren. Jetzt bin ich endlich da! Das war eine
lange Reise. Nach 16 Stunden Flug bin ich in München
angekommen. Dort haben mich dann Susanne, Kurt, Larissa
und Simon abgeholt. Das war sehr nett. Ich war aber so müde.
Ich bin nämlich schon um drei Uhr aufgestanden! Im Auto bin
ich dann eingeschlafen. Wie peinlich! Besuchst Du mich hier
mal?

Viele liebe Grüße
Maria

sehen	gesehen
an|kommen	angekommen
ab|holen	....
auf|stehen	....
ein|schlafen	....

Perfekt

Ich |bin| schon um drei Uhr |aufgestanden|.
auf|stehen → **aufge**standen
ab|holen → **ab**geholt

B2   **Zurück aus dem Urlaub: Hören Sie und variieren Sie.**

● Packst du bitte die Koffer aus?
▲ Ich habe sie doch schon ausgepackt!

Varianten:
deine Mutter anrufen (angerufen) ● die Jacken aufhängen (aufgehängt) ●
Getränke einkaufen (eingekauft) ● die Post beim Nachbarn abholen (abgeholt)

B3   **Reise ohne Ankunft. Ergänzen Sie. Hören Sie dann und vergleichen Sie.**

steigen ● aussteigen ● zurückfahren ● aufstehen ● ankommen

1 Zuerst bin ich zu spät ....   zuerst
2 Dann bin ich in den falschen Zug   dann
   .gestiegen........................ .   später
3 An der nächsten Station bin ich   schließlich
   wieder ....
4 ▲ Eine Stunde später bin ich dann
   ....
   ● Schließlich bist du gut wieder zu Hause
   ...., oder?

B4   **Sprechen Sie mit Ihrer Partnerin / Ihrem Partner. Fragen Sie und antworten Sie.**

in den falschen Zug/Bus steigen ● einschlafen und zu spät aussteigen ● am Bahnhof Freunde
treffen ● im Zug jemand kennen lernen ● Gepäck am Flughafen nicht ankommen ● …

▲ Sind Sie schon mal in den falschen Zug gestiegen?
● Ja, einmal. Da habe ich die Durchsage nicht gehört.
  Der Zug ist nach Berlin gefahren und nicht
  nach Hamburg.
▲ So ein Pech!

Sind Sie schon mal ...?   Ja, einmal.
Haben Sie ...?   Ja, schon öfters.
Ist Ihr Gepäck schon   Nein, noch nie.
* einmal ...?*

CD 1 13 🔊 **C1** **Hören Sie noch einmal und ordnen Sie die Bilder zu: Was hat Maria erlebt?**

1   2   3   4

2 ● Na, wie war die Reise? Erzähl doch mal!
    ▲ Ich bin schon um drei Uhr aufgestanden. Aber ich habe fast das Flugzeug verpasst!

☐ ● Was ist denn passiert?
    ▲ Auf dem Weg zum Flughafen hat der Bus ein Rad verloren.

☐ ▲ Auf der ganzen Reise habe ich nicht mal eine Tasse Kaffee bekommen.

☐ ■ Hast du denn wenigstens ein bisschen geschlafen?
    ▲ Ich habe es versucht, aber die Sitze waren total unbequem.

C2 **Lesen Sie das Gespräch aus C1 noch einmal und ergänzen Sie.**

verpassen	Ich habe …	*verpasst* .
verlieren	Der Bus hat …	*verloren* .
bekommen	Ich habe …	*bekommen* .
versuchen	Ich habe …	*versucht* .
passieren	Was ist …	*passiert* ?

verpassen → verpasst
bekommen → bekommen
erleben → erlebt
passieren → passiert

C3 **Lesen Sie die E-Mail und ergänzen Sie.**

erklärt ● erlebt ● besichtigt ● verstanden ● passiert ● vergessen ● bekommen ● diskutiert

Hallo Andi,

wir sind aus dem Urlaub zurück. Hast Du unsere Postkarte *bekommen*? Also, was wir da *erlebt* haben, Du glaubst es nicht. Stell Dir vor, ich habe die Adresse meiner türkischen Freunde zu Hause *vergessen*! In Istanbul haben wir der Flughafen-Polizei unsere Situation *erklärt*. Aber Du weißt ja, unser Türkisch … sie haben uns nicht richtig *verstanden*. Ich war ganz nervös, aber Evchen ist ruhig geblieben. Wir haben dann erst einmal das Zentrum *besichtigt*, haben in einem netten Café einen Kaffee getrunken und lang *diskutiert*. Und jetzt kommt das Beste: Weißt Du, wer da auf einmal ins selbe Café reinspaziert ist? Unsere Freunde! Also, so ein Zufall! Ist Dir so etwas auch schon einmal *passiert*?

Melde Dich doch mal!
Tim

C4 **Was haben Sie schon einmal vergessen oder verloren?**
Machen Sie Notizen und erzählen Sie.

Ich habe einmal nicht Acht gegeben und …

Autoschlüssel verloren:
– Urlaub in Berlin …

Ich habe einmal meinen Autoschlüssel verloren. Das war im Urlaub. …

D1   Julias Familie: Sehen Sie den Stammbaum an und ergänzen Sie.

Cousine ● Schwester ● Vater ● Großvater/Opa ● Tante ● Nichte ● Schwager ● Mutter

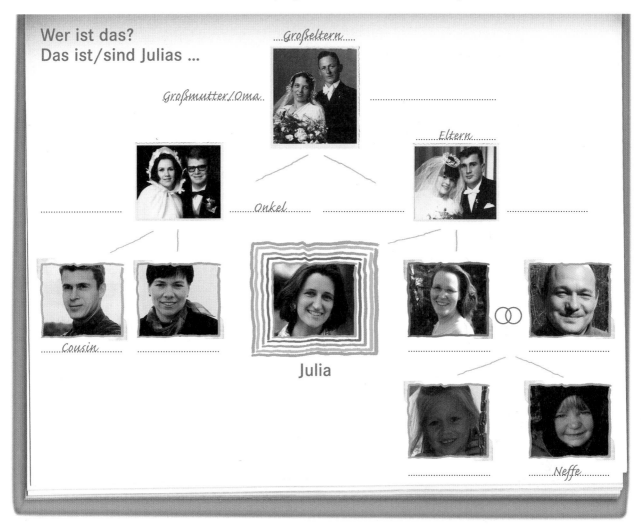

Wer ist das?
Das ist/sind Julias ...

Großeltern

Großmutter/Oma ....

.... Eltern ....

.... Onkel ....

.... Cousin ....

Julia

.... Neffe ....

D2   Rätsel: Wer ist das? Ergänzen Sie.

Genitiv
Julias Mutter = die Mutter **von** Julia

Schwägerin ● Schwiegervater ● Enkelkind

a Julia bekommt ein Kind: Ihre Eltern bekommen dann ein ....

b Julia heiratet: Die Schwester von ihrem Mann ist dann ihre ....

c Der Vater von Julias Ehemann ist dann ihr ....

D3   Sprechen Sie in der Gruppe und machen Sie eine Liste. Welche Gruppe hat die meisten Geschwister, Tanten, Kinder, Nichten ... ?

▼ Anne, hast du Geschwister?
● Ja, ich habe zwei Brüder und zwei Schwestern. Und du?
▼ Ich habe nur einen Bruder. Und hast du eine Schwägerin?
● Ja, zwei. Meine Brüder sind verheiratet.

Anne: 2 Brüder, 2 Schwestern, ...
Tom: 1 Bruder, ...
Sarah: ...

CD 1 14-17 **E1** **Wer wohnt wo? Sprechen Sie. Hören Sie dann und ergänzen Sie.**

die Großfamilie ● die allein erziehende Mutter ● der Single ● die Kleinfamilie

> Im Erdgeschoss wohnen viele Leute, das ist wahrscheinlich die Großfamilie.

> Ganz oben in der Dachwohnung, im dritten Stock …

im Erdgeschoss
im ersten/zweiten/dritten Stock
in der Dachwohnung

3. STOCK
PETER KUMMER

2. STOCK
SABINE WÜRFEL

1. STOCK
MEINHARD

EG
KAISER

.....die Großfamilie.....

bei + Dativ
bei | ihrem Sohn
ihrer Tochter
ihrem Enkelkind

CD 1 14-17 **E2** **Was ist richtig? Hören Sie noch einmal und kreuzen Sie an.**

1 Die Großmutter ist bei ihrer Tochter mit eingezogen. Jetzt ist die Wohnung zu klein. ☐
Es ist nicht immer einfach, weil die Großmutter die Kinder verwöhnt. ☐

2 Peter Kummer geht oft aus, weil er nicht viel Besuch bekommt. ☐

3 Das Ehepaar Meinhard möchte kein zweites Kind, weil die Wohnung zu klein ist. ☐

4 Sabine Würfel wohnt allein mit ihrem Sohn. Sie lebt getrennt von ihrem Mann. ☐

E3 **Wie leben Ihre Freunde, Bekannten oder Ihre Nachbarn? Erzählen Sie.**

seit … Jahren allein/getrennt leben
zusammen mit … leben
leben bei …
(seit … Jahren) geschieden/
 verheiratet/ledig sein
(keine) Kinder haben/wollen

Das findet sie/er (nicht) gut.
Das gefällt ihr/ihm (nicht).

> Meine Freundin Linda wohnt in London. Sie lebt noch bei ihren Eltern, aber sie ist oft bei ihrem Freund. Der heißt John und wohnt in einer Wohngemeinschaft mit …

> Meine Nachbarin im Haus nebenan lebt mit ihrem Mann, ihren beiden Kindern und ihren Schwiegereltern zusammen. Das findet sie gut. Ihre Schwiegermutter hilft bei der Hausarbeit und ihr Schwiegervater spielt oft mit den Kindern. Manchmal …

Grammatik

1 Konjunktion: *weil*

	Konjunktion		Ende
Maria kommt nach Deutschland,	**weil**	sie Freunde in Deutschland	hat.
Er ist sauer,	**weil**	er morgen nicht	**arbeiten möchte.**
Er ist glücklich,	**weil**	seine Freundin ihn	**abholt.**
Warum ist er müde?	**Weil**	er die ganze Nacht nicht	**geschlafen hat.**

······▶ ÜG, 10.09

2 Perfekt: trennbare Verben

		Präfix + ge...t/en			
*ab*holen	sie holt *ab*	Sie	hat	ihren Freund	*ab*geholt.
*auf*stehen	sie steht *auf*	Maria	ist	um drei Uhr	*auf*gestanden.

······▶ ÜG, 5.05

3 Perfekt: nicht trennbare Verben

		Präfix + ...t/en: **ohne -*ge*-!**				
*be*kommen	sie *be*kommt	Karin	hat	die Postkarte	*be*kommen.	
*er*leben	sie *er*lebt	Maria	hat	viel	*er*lebt.	*auch so:*
*ver*stehen	sie *ver*steht	Die Polizei	hat	nichts	*ver*standen.	*emp-, ent-, ge-, zer-*

······▶ ÜG, 5.05

4 Perfekt: Verben auf -*ieren*

		...iert: **ohne -*ge*-!**		
pass*ieren*	es pass*iert*	Was	ist	pass*iert*?
diskut*ieren*	wir diskut*ieren*	Wir	haben lang	diskut*iert*.

······▶ ÜG, 5.05

5 Namen im Genitiv – *von* + Dativ

Julias Mutter = die Mutter von Julia

······▶ ÜG, 1.03

6 Lokale Präposition: *bei* + Dativ

		maskulin	neutral	feminin	Plural
Sie wohnt	**bei**	ihrem Vater	ihrem Enkelkind	ihrer Mutter	ihren Eltern

······▶ ÜG, 6.03

Wichtige Wendungen

Lebensformen: verheiratet sein, ...

verheiratet sein • geschieden sein • getrennt leben •
zusammenleben • die Groß-/Kleinfamilie, -n •
allein erziehend • (keine) Kinder haben •
Single/ledig sein • schwanger sein • ein Kind /
ein Baby bekommen

von einer Reise berichten

Wie war die Reise? • Erzähl doch mal! • Was ist
denn passiert? • Also, was wir da erlebt haben … •
ein Rad verlieren • das Flugzeug verpassen •
den Koffer auspacken • eine Durchsage nicht hören •
in den falschen Zug steigen • jemand kennen lernen •
Freunde treffen • einsteigen • aussteigen •
ankommen • zurückfahren

Häufigkeit

Ja, einmal. • Ja, schon öfters. •
Nein, noch nie.

Zeitabfolge

zuerst • dann • später • schließlich

im Haus

die Dachwohnung, -en •
das Erdgeschoss •
der erste/zweite/dritte … Stock

Mitgefühl/Erstaunen

So ein Pech! • So ein Zufall! •
Wie peinlich!

Rostock

Rostock ist seit dem Jahr 1218
eine Stadt. Es liegt an der Ostsee,
hat einen Hafen und eine Universität.
Mit etwa 200.000 Einwohnern ist
Rostock heute die größte Stadt des
nordostdeutschen Bundeslandes
Mecklenburg-Vorpommern. Der Fuß-
ballverein „Hansa Rostock" ist in
Deutschland sehr bekannt. Rostocks
Partnerstädte sind Stettin, Turku,
Dünkirchen, Riga, Antwerpen, Århus,
Göteborg, Bergen, Varna, Rijeka,
Bremen, Dalian und Raleigh.

Magdeburg

Magdeburg liegt an der Elbe und ist schon seit dem
Jahr 805 eine Stadt. Heute ist Magdeburg die Landes-
hauptstadt des deutschen Bundeslandes Sachsen-Anhalt.
Die Universitätsstadt hat etwa 230.000 Einwohner.
Berühmte Kunstwerke sind der ‚Magdeburger Reiter'
(um 1240) und der Magdeburger Dom (1209-1520).
Magdeburg hat Städtepartnerschaften mit Sarajevo,
Braunschweig und Nashville.

Braunschweig

Das älteste Dokument mit dem Stadtnamen ‚Brunesguik' kommt aus dem Jahr 1031. Heute ist Braunschweig Universitätsstadt, hat etwa 240.000 Einwohner und ist damit die zweitgrößte Stadt des nordwestdeutschen Bundeslandes Niedersachsen. Ein berühmtes Kunstwerk ist der ‚Braunschweiger Löwe' (1166). Braunschweig hat Städtepartnerschaften und -freundschaften mit Bandung, Nîmes, Bath, Sousse, Kiryat Tivon, Kasan, Omaha und Magdeburg.

1 **Lesen Sie alle Informationen und hören Sie das Lied „Ich kenn' dich".**

CD 1 18

   a In welcher Stadt treffen sich die beiden?
   b Was meint der Mann? Woher kennt er die Frau?

2 **Das Kennenlern-Lied zum Nachsingen**

CD 1 19

   Hören Sie und singen Sie mit.

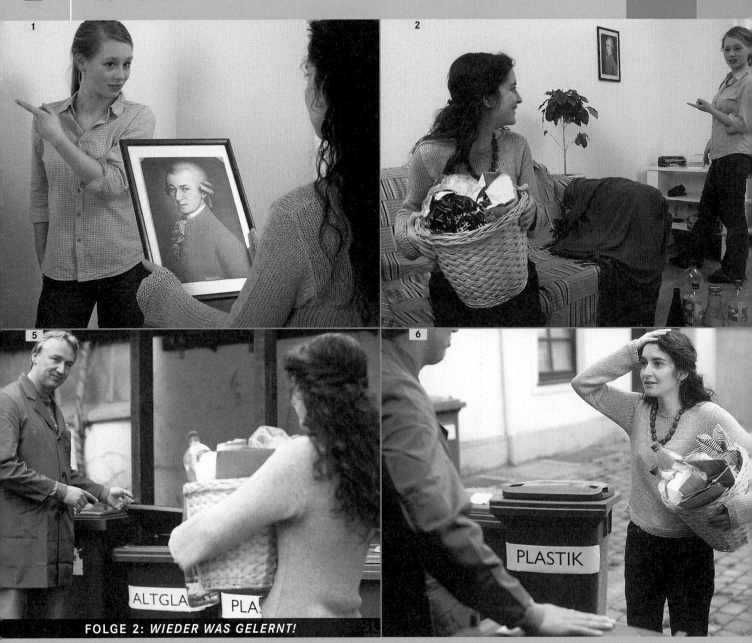

FOLGE 2: *WIEDER WAS GELERNT!*

1 **Sehen Sie die Fotos an und zeigen Sie:**

den Hausmeister ● Müll aus Plastik ● Müll aus Papier ● Müll aus Glas ● die Container

2 **Was meinen Sie? Kreuzen Sie an: richtig oder falsch?**

a Der Hausmeister

	richtig	falsch
arbeitet in einem Mietshaus oder in einer Firma.	☐	☐
vermietet Wohnungen.	☐	☐
macht kleine Reparaturen.	☐	☐
sorgt für Ordnung und Sauberkeit.	☐	☐

b Müll

ist, was man nicht mehr braucht und wegwirft.	☐	☐
muss man zu einem Amt bringen.	☐	☐
wirft man in Mülltonnen und die Müllmänner holen ihn ab.	☐	☐
muss man in Deutschland trennen.	☐	☐

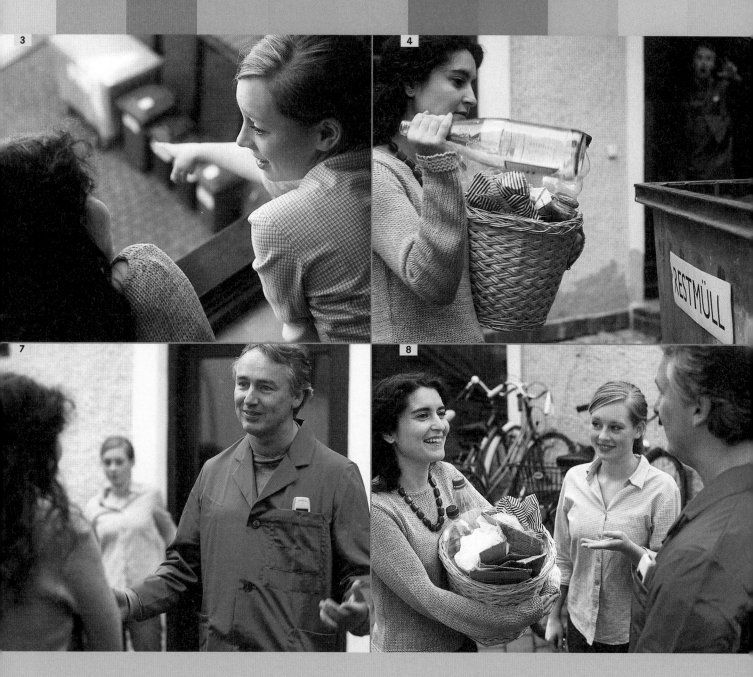

3   **Sehen Sie die Fotos an und hören Sie.**

4   **Lesen Sie den Text. Es gibt vier Fehler. Verbessern Sie die Fehler.**

Maria und Larissa richten das neue Zimmer von Larissa ein. Larissa findet, Zimmer   *Maria*
einrichten macht Spaß. Die beiden hängen ein Bild an die Wand. Auf dem Bild ist
Marias Lieblingskomponist: Mozart. Es gibt viel Müll und Maria bringt das Bild in   *den*
den Hof. In Deutschland muss man den Müll trennen. Maria lernt Wolfgang Kolbeck
kennen. Er ist Komponist von Beruf. Er denkt, Maria ist Spanierin. Aber sie kommt
aus Südamerika. Später kommt auch Larissa in den Keller. Sie erklärt: Maria ist
das Au-pair-Mädchen. Am Ende sind alle zufrieden. Sie haben wieder was gelernt!

5   **Sprechen Sie: Wie finden Sie den Hausmeister?**

A1   **Wo ist was? Sehen Sie noch einmal die Fotos auf Seite 18–19 an und ordnen Sie zu.**

a	Die Müllcontainer	hängt an der Wand.	
b	Das Bild von Mozart	stehen im Hof.	
c	Die Flaschen	liegt auf dem Sofa.	
d	Die Decke	stehen auf dem Boden.	
e	Das Handy	steckt in der Jacke.	

	ist	
	steht	
Wo	liegt	das Bild?
	hängt	
	steckt	

A2   **Was passt? Ordnen Sie zu.**

stehen ● hängen ● stecken ● liegen

...........stehen........... ....liegen....... ....hängen........ ....stecken........

Ha vain zur.

A3   **Sehen Sie das Bild an. Fragen Sie und antworten Sie.**

Wo? + Dativ
Das Buch **liegt auf** | dem Tisch.
| dem Bett.
| der Tasche.
| den Zeitungen.

Wiederholung
auch so:

an   an + dem = am
hinter
in   in + dem = im
neben
über
unter
vor
zwischen

▲ Wo liegt der Teppich?   ◆ Wo hängt die Hose?
● Auf dem Boden.   ■ Am Schrank.

A4   **Arbeiten Sie in Gruppen. Erstellen Sie „Bilder". Die anderen beschreiben.**

Katharina steht
auf dem Stuhl.
Luis liegt unter
dem Tisch.

Häng das Bild doch an die Wand!

B1 Was sagt Larissa? Hören Sie und ordnen Sie zu.

look at

a Häng das Bild doch an die Wand. → Da kannst du sie immer anschauen.
b Stell deine CDs in das Regal hier. Und morgen kaufen wir noch ein kleines
c Die Fotos? Stell sie doch hier auf den Tisch. Bücherregal.
d Die Bücher kannst du doch erst einmal An der Wand kann man es sehr gut sehen.
neben das Bett legen. In dem Regal haben sie doch noch Platz, oder?

Wohin? + Akkusativ
stellen ● legen ● hängen ● stecken

Maria legt das Buch	auf	den Tisch.
	neben	das Bett.
	unter	die Tasche.
	...	die Zeitungen.

Wo? + Dativ
stehen ● liegen ● hängen ● stecken

Das Buch liegt	auf	dem Tisch.
	neben	dem Bett.
	unter	der Tasche.
	...	den Zeitungen.

B2 Was ist richtig? Kreuzen Sie an.

A

☑ Sie hängt die Lampe an die Decke.
☑ Die Lampe hängt an der Decke.

B

☑ Sie steckt den Schlüssel ins Schloss.
☐ Der Schlüssel steckt im Schloss.

C

☐ Sie hängt die Kleider in den Schrank.
☐ Die Kleider hängen im Schrank.

D

☐ Sie stellt die Blumen auf den Tisch.
☐ Die Blumen stehen auf dem Tisch.

B3 Hören Sie und variieren Sie.

a ● Wo ist denn nur mein Deutschbuch?
▲ Legst du es nicht immer ins Regal?
● Doch, aber im Regal liegt es nicht.

Varianten:
auf – (der) Schreibtisch ●
in – (das) Arbeitszimmer ● in – (die) Schublade

b ● Und meine Turnschuhe? Wo sind die?
▲ Stellst du sie nicht immer unter das Sofa?
● Doch, aber unter dem Sofa stehen sie nicht.

Varianten:
in – (der) Schrank ● in – (das) Schuhregal ●
neben – (die) Hausschuhe

B4 Spiel: Verstecken und Raten

a Bilden Sie zwei Gruppen. Gruppe 1 verlässt das Zimmer.
b Gruppe 2 versteckt fünf Dinge im Zimmer und macht Notizen.
c Gruppe 1 darf zurückkommen und rät.

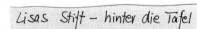

Lisas Stift – hinter die Tafel
...

Gruppe 2   Gruppe 1
Wo ist Lisas Stift?
                Auf dem Tisch?
Nein.
                Hinter der Tafel?
Ja.

d Die Gruppen tauschen die Rollen.

Lisas Stift legen wir hinter die Tafel. Ihr Deutschbuch legen wir unter den Stuhl von Svetlana.

CD 1 | 31 | **C1**   **Hören Sie noch einmal und ergänzen Sie.**

raus ● rein ● rein ● runter

Dann bringe ich mal den Müll ....

Warten Sie einen Moment. Ich komme ......*raus*........ .

Flaschen und Gläser gehören hier ....

Papier kommt da ....

C2   **Sehen Sie die Bilder an und sprechen Sie.**

A   Kommen Sie doch rein!

B

⤷ raus
⤶ rein
↱ rauf
↳ runter
⤵ rüber

C

D

E

rein | kommen
| Kommen | Sie doch | rein | !

C3   **Schreiben und zeichnen Sie fünf Kärtchen. Fragen Sie Ihre Partnerin / Ihren Partner.**

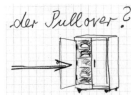  

▲ Wohin kommt der Pullover?
● Da rein. In den Kleiderschrank.
▲ Und wohin kommen die Blumen?
● Da rauf. Auf den Tisch.
▲ Und die Schuhe?
● ...

D1   Ilse und Heidrun tratschen. Was ist „tratschen"? Kreuzen Sie an.

☐ Sie sprechen über andere Leute, zum Beispiel über ihr Aussehen, über ihre Freunde oder über ihre Familie.

☐ Sie sprechen zum Beispiel über das Wetter, über die Gesundheit oder die Familie.

CD 1 32-35 ⟲ D2   Hören Sie das ganze Gespräch (Teil 1-4) und ordnen Sie die Sätze den Bildern zu.

☐ Herr Fürst ist der neue Mieter.   ☐ Frau Wagner ist die Nachbarin von Heidrun.

☐ Ilse muss zum Arzt, weil sie Rückenschmerzen hat.   ☐ Heidrun will einkaufen gehen.

CD 1 32 ⟲ D3   Tratsch über Herrn Fürst

a Was sagen die beiden über Herrn Fürst? Hören Sie noch einmal Teil 1 und kreuzen Sie an.

- Herr Fürst ist   ☐ verheiratet.   ☒ geschieden.   ☐ ledig.
- Er hat   ☐ kleine Kinder.   ☐ keine Kinder.   ☐ bereits große Kinder.
- Er stellt   ☐ sein Auto im Hof ab. ☐ den Kinderwagen   ☐ seine Kiste vor
                                            vor dem Aufzug ab.   dem Eingang ab.
- Er hat auch   ☐ einen Papagei.   ☐ einen Hund.   ☐ eine Katze.

CD 1 33 ⟲   **b** Was sagt Herr Fürst? Hören Sie noch einmal Teil 2 und unterstreichen Sie die richtigen Informationen oben.

CD 1 34-35 ⟲ D4   Tratsch über Frau Wagner. Was sagen Ilse und Heidrun? Was sagt Frau Wagner?

Hören Sie noch einmal Teil 3 und 4 und kreuzen Sie an.

		Ilse und Heidrun	Frau Wagner
a	Bei den Wagners war es in der Nacht laut.	☒	☒
b	Die Wagners haben gestritten.	☐	☐
c	Die Wagners haben ferngesehen.	☐	☐
d	Frau Wagner ist beruflich viel unterwegs.	☐	☐
e	Herr Wagner will nicht mehr mit seiner Frau zusammenleben.	☐	☐
f	Herr und Frau Wagner haben bald ihren 20. Hochzeitstag.	☐	☐

D5   Stille Post

| Maria geht gern ins Kino. |

| Maria küsst gern Timo. |

Flüstern Sie Ihrer Nachbarin / Ihrem Nachbarn einen Satz über eine Person im Kurs einmal ins Ohr. Ihre Nachbarin / Ihr Nachbar flüstert diesen Satz weiter. So geht es immer weiter. Die letzte Person sagt dann „ihren Satz" laut. Haben alle den Satz richtig verstanden?

E1   **In einer Wohngemeinschaft: Wer hat seinen Zettel zuerst geschrieben, wer danach? Lesen Sie und ordnen Sie die Mitteilungen.**

memo

> *Liebe Ilona! Kein Problem: Ich brauche mein Fahrrad heute nicht. Übrigens: Heute Vormittag hat ein Herr Neidhart von der Uni angerufen. Du sollst unbedingt heute noch zurückrufen. Die Nummer ist: 4884-305. Leider kann ich dich nicht anrufen, dein Handy ist nicht an. Wollen wir heute Abend zusammen Pizza essen? Ich bin gegen 19 Uhr zurück.*
>
> *Bis dann. Liebe Grüße, Kathrin*

> *Hallo, ihr beiden Langschläferinnen!!! Ich fahre übers Wochenende zu meinen Eltern. Könntet ihr bitte meine Pflanzen gießen? Danke für eure Hilfe! Ich weiß: Eigentlich muss ich die Toiletten sauber machen. Würdet ihr das bitte für mich machen? Tausend Dank! Die Stromrechnung liegt auf dem Küchentisch. Wir haben wahnsinnig viel Strom verbraucht. Das ist wirklich ärgerlich!*
>
> *Tschüs! Sven* ☺

> Guten Morgen, Kathrin! Du, mein Fahrrad ist kaputt und ich muss ganz dringend in die Uni. Ich will dich nicht wecken und ich habe es furchtbar eilig. Ich nehme dein Fahrrad. Hoffentlich ist das in Ordnung. Übrigens: Ich erwarte einen wichtigen Brief von der Uni. Sei doch bitte so nett und sieh im Briefkasten nach. Würdest du mich bitte anrufen und mir Bescheid sagen? Vielen Dank! Ich hoffe, wir sehen uns heute Abend!
> Viele Grüße von Ilona ♡
> P.S. Wir sollen schon wieder die Arbeit von Sven machen. Die Toiletten sind total schmutzig! Das finde ich gar nicht gut.   *yet again*

to inform   *der Lokus*

E2   **Lesen Sie noch einmal und ergänzen Sie: K = Kathrin, S = Sven, I = Ilona.**

Wer

a   ... hat einen Anruf bekommen?   ....

b   ... ist am Wochenende nicht da?   ....

c   ... hat ein Fahrrad ausgeliehen?   ....

d   ... hat nicht geputzt?   ....

e   ... soll nach der Post sehen?   ....

f   ... hat das Handy nicht angestellt?   ....

E3   **Mitteilungen schreiben**

Stellen Sie sich vor: Sie wohnen in einer deutschen WG. Wählen Sie eine Situation aus und schreiben Sie eine Mitteilung. Ihre Partnerin / Ihr Partner schreibt eine Antwort.

1

Liebe/r ...
Könntest du bitte ...? Ich ... Übrigens: ....
Du sollst ... Wollen wir...? Wir können ...

> einkaufen gehen ● keine Zeit haben ● Mutter – angerufen ● zurückrufen ● heute Abend zusammen essen ● Spaghetti kochen

Antwort:

Liebe/r ...
Kein Problem! Ich ... Leider ..., weil ...
Übrigens: ... Das ist wirklich ärgerlich!

> einkaufen gehen ● heute Abend keine Zeit haben ● Freunde treffen ● Stromrechnung bezahlt ● sehr viel verbraucht

2

Sie fahren für zwei Tage zu Freunden. Ihre Freunde sind in Urlaub und Sie müssen auf den Hund aufpassen und die Blumen im Garten gießen. Sie können zu Hause nicht das Bad und die Küche putzen. Entschuldigen Sie sich und bitten Sie Ihren Mitbewohner: Er soll das machen und auch im Briefkasten nach der Post sehen. Bedanken Sie sich.
Sie wollen nächste Woche ein Abendessen kochen.

Antwort:

Sie finden das nicht gut. Sie können auch nicht sauber machen. Sie müssen lernen. Sie haben bald eine Prüfung. Sie hoffen, Ihre Mitbewohnerin macht das nächste Woche.
Ihre Mitbewohnerin hat einen wichtigen Anruf von ... bekommen. Sie soll unbedingt zurückrufen. Sie können Ihre Mitbewohnerin nicht anrufen. Sie hat das Handy ausgestellt.

Grammatik

1 Wechselpräpositionen

	Wo? + Dativ		Wohin? + Akkusativ	
	auf/unter …		auf/unter …	
maskulin	dem	Tisch	den	Tisch
neutral	dem	Sofa	das	Sofa
feminin	der	Tasche	die	Tasche
Plural	den	Stühlen	die	Stühle

Das Buch **liegt auf dem** Tisch.	Ich **lege** das Buch **auf den** Tisch.

auch so: an, hinter, in, neben, über, vor, zwischen

┈┈▶ ÜG, 6.02

2 Verben mit Wechselpräpositionen

Wo? + Dativ	Wohin? + Akkusativ
stehen	stellen
hängen	hängen
liegen	legen
stecken	stecken
sein	gehören/kommen

Das Buch **steht im** Regal.	**Stellst** du das Buch **ins** Regal?

┈┈▶ ÜG, 6.02

3 Direktional-Adverbien

Ich komme **rein / raus / runter / rauf / rüber**.

⚠ runter|kommen

┈┈▶ ÜG, 7.02

Wichtige Wendungen

Mitteilungen

Ich fahre übers Wochenende zu meinen Freunden.
Ich muss ganz dringend in die Uni.
Ich habe es furchtbar eilig!
Ich bin gegen 19 Uhr zurück.
Ich erwarte einen wichtigen Brief.
Du sollst unbedingt zurückrufen.

Hoffnung: Ich hoffe, …

Ich hoffe, wir sehen uns heute Abend.
Hoffentlich ist das in Ordnung.

Bedauern: Leider …

Leider kann ich dich nicht anrufen!

Ärger: Das finde ich nicht gut!

Das ist wirklich ärgerlich!
Das finde ich gar nicht gut.

Einen Vorschlag machen: Wollen wir …?

Wollen wir zusammen Pizza essen?

Jemanden bitten: Könntet ihr …?

Könntet ihr bitte meine
Blumen/Pflanzen gießen?
Würdest du mich bitte anrufen?
Sei doch bitte so nett und sieh
im Briefkasten nach.

Dank: Tausend Dank …

Vielen Dank!
Tausend Dank!
Danke für eure / Ihre Hilfe!

Grußformeln

Liebe/r … • Hallo … •
Bis dann. •
Liebe/Viele Grüße •
Tschüs

Strategien

Übrigens: … • Ich weiß: …

Wien und seine Sehenswürdigkeiten sind in der ganzen Welt bekannt. Die Touristen gehen in den Stephansdom, sie besuchen das Schloss Schönbrunn oder sehen sich im kunsthistorischen Museum berühmte Bilder an. Sie machen einen Spaziergang an die Donau und fahren im Prater mit dem schönen Riesenrad.

Seit Mitte der achtziger Jahre hat die österreichische Hauptstadt noch eine weitere Attraktion. Es ist ein Wohnhaus. Ein Wohnhaus? Ja, aber was für eins! Auf dem Dach wachsen Bäume, an den Wänden findet man bunte Bilder und im ganzen Haus sieht man nur wenige gerade Linien. Jeder Mieter darf die Farbe rund um seine Fenster selbst wählen. Deshalb hat das Haus außen so viele verschiedene Farben.

CD 1 36 ⊡

Lesen und hören Sie die Informationen. Lösen Sie dann das Hundertwasser-Quiz.

a Das „Hundertwasser Haus" ist
- ☐ ein privates Wohnhaus. ✓
- ☐ ein Museum.
- ☐ das Wohnhaus von Herrn Stowasser.

b Wer lebt heute im „Hundertwasser Haus"?
- ☐ Die Familie von Hundertwasser.
- ☐ Etwa 200 Mieter. ✓
- ☐ Keiner. Es ist ja ein Museum.

c Welche Aussage ist ein Originalzitat von Friedensreich Hundertwasser?
- ☐ „Ich liebe gerade Linien."
- ☐ „Jeder soll bauen können." ✓
- ☐ „Farbe ist nicht wichtig."

space = der Raum (;e)
district = der Bezirk (e)
soft = weich

ZWISCHENSPIEL | www.hueber.de/schritte-international

Die Stadt Wien hat das Haus nach einer Idee des Wiener Künstlers Friedensreich Hundertwasser gebaut. Es gefällt nicht nur den Mietern sehr gut. Jahr für Jahr kommen auch tausende Touristen in den dritten Wiener Bezirk, weil sie das „Hundertwasser Haus" sehen wollen. Weit mehr als eine Million Besucher waren es in den ersten zwanzig Jahren. Unter den wichtigsten Sehenswürdigkeiten von Wien kommt das bunte Haus an vierter Stelle.

Zahlen und Fakten

Eigentümer des ‚Hundertwasser Hauses': Stadt Wien
Baukosten: 26,6 Mio. Euro **Bauzeit:** von August 1983 bis Oktober 1985 **Gesamtnutzfläche:** 3.556 m²
Wohnungen: 50 Stück **Wohnfläche:** von 36 bis 150 m²
Gemeinschaftsräume: zwei Kinderspielplätze, ein Wintergarten **Sonstige Räume:** fünf Geschäftsräume und eine Arztpraxis **Bäume und Pflanzen:** etwa 250 Stück
Erde auf den Dachterrassen: etwa 900 t

Der Künstler

Friedrich Stowasser wird 1928 in Wien geboren. Seit 1949 nennt er sich Friedensreich Hundertwasser. Er interessiert sich schon früh für Kunst und Architektur. In den 40er- und 50er-Jahren macht er große Studienreisen durch Europa, Afrika und Asien. Die moderne Architektur findet er unmenschlich und kalt und entwickelt alternative Ideen. Zum Beispiel: Jeder Mensch soll selbst Architekt sein, seine Wohnung selbst planen, bauen und immer wieder verändern können. Viele Ideen kann er beim Bau des ‚Hundertwasser Hauses' zum ersten Mal realisieren. Als international berühmter Künstler und Philosoph stirbt Friedensreich Hundertwasser im Jahr 2000 auf einem Schiff im Pazifischen Ozean.

FOLGE 3: *TEE ODER KAFFEE?*

1 **Sehen Sie Foto 2 an. Was meinen Sie? Kreuzen Sie an.**

a ☐ Maria schläft noch. ☐ Sie ist schon wach.
b ☐ Sie ist noch sehr müde. ☐ Sie ist fit.
c ☐ Sie steht am Wochenende gern früh auf. ☐ Sie möchte am Wochenende ausschlafen.

2 **Sehen Sie Foto 6 und 7 an.**

a Was macht die Familie?
b Was gibt es zu essen und zu trinken?

CD 1 37-44 | ⊡ **3** **Sehen Sie die Fotos an und hören Sie.**

4 Was ist richtig? Ergänzen Sie.

Am Sonntag frühstückt die Familie zusammen. Simon soll Maria wecken. Aber Maria ist noch sehr müde. Sie denkt, die Familie schläft sonntags viel zu _kurz_ (lange ● kurz). Sie möchte lieber .... (ausschlafen ● früh aufstehen). Und dauernd fragt jemand, was sie frühstücken möchte, zum Beispiel: soll ihr Ei weich oder hart sein. Das findet Maria sehr komisch. Für sie ist es wie .... (zu Hause ● im Restaurant). Kurt war sogar schon beim Bäcker: Viele Bäckereien haben am Sonntag .... (geschlossen ● geöffnet). Wer Nussschnecken möchte, muss .... (früh ● spät) kommen. Maria sieht den Frühstückstisch an und ist sehr erstaunt: Die Familie frühstückt am Sonntag sehr .... (viel ● wenig). Es gibt viele leckere Sachen, nur der Kaffee schmeckt Maria .... (sehr gut ● gar nicht).

5 Wie trinken Sie Ihren Kaffee oder Tee?

Also, ich trinke am Morgen Kaffee mit viel Milch. Nach dem Mittagessen …

Ich trinke nur Tee, am liebsten mit viel Zucker und Zitrone.

Ich …

CD 1 45

A1 **Wer trinkt wie oft Kaffee? Hören Sie und kreuzen Sie an.**

	immer	meistens	oft	manchmal	selten	nie
Maria		x				
Larissa						
Kurt						
Simon						
Susanne früher						
Susanne heute						

Wie oft?
immer   100%
meistens
oft
manchmal
selten
nie   0%

A2 **Lesen Sie die beiden Texte und machen Sie Notizen.**

Morgens essen wie ein Kaiser, mittags wie ein König und abends wie ein Bettelmann.

Frühstücken Sie wie ein Kaiser? Oder eher wie ein Bettelmann? Wie frühstücken Sie am liebsten? Was mögen Sie, was nicht? Und mit wem? Wir haben nachgefragt.

1 Am Morgen muss bei mir alles schnell gehen. Aufstehen, duschen, anziehen ... Zeit zum Frühstück? Die habe ich leider nur selten. Lieber schlafe ich ein bisschen länger. Ehrlich gesagt stehe ich fast immer
5 zu spät auf.
Manchmal habe ich ein bisschen Zeit, dann esse ich ganz schnell im Stehen ein paar Cornflakes mit Milch. Was am Morgen allerdings nie fehlen darf, ist ein Kaffee. Gott sei Dank kann man den ja jetzt überall
10 kaufen und mitnehmen. Meistens hole ich mir einen auf dem Weg zur Uni.
Aber am Wochenende, da nehme ich mir viel Zeit. Da treffe ich oft Freunde zum Frühstück. Da gibt es dann fast alles: Käse, Wurst, Eier, verschiedene Brotsorten,
15 Brezeln, Croissants und Mengen von Kaffee und Tee. Was ich an so einem Wochenendfrühstück besonders liebe: Wir sitzen stundenlang zusammen und reden über Gott und die Welt!
Tanja, 21, Studentin

2 Ich liebe den Morgen, ich stehe sehr gern früh auf und ich mache auch immer das Frühstück für 20 meine Freundin und mich. Wir frühstücken meistens lange. Auch wochentags. Im Sommer frühstücken wir auf dem Balkon, sonst drinnen in der Küche.
Es gibt Tee, dazu Toast mit Butter und Marmelade 25 oder Honig. Und ab und zu ein Croissant.
Oft trinken wir sogar Orangensaft, frisch gepresst. Vitamine sind ja nie schlecht. Und am Wochenende trinken wir auch manchmal ein Glas Sekt. Ein herzhaftes Frühstück mit Wurst und Käse 30 mag ich nicht so gern. Das gibt es bei uns fast nie. Was mir ganz wichtig ist: Ich lese beim Frühstück eigentlich immer die Zeitung. Die gehört für mich unbedingt dazu. Ein Frühstück ohne Zeitung ist für mich kein richtiges Frühstück. 35
Fritz, 36, Architekt

	Text 1	Text 2
wochentags/ werktags	*frühstückt selten / steht ... / isst ... / trinkt ... / holt ...*	*macht ... / frühstückt ... / trinkt ... / es gibt ... / liest ...*
Wochenende	*trifft oft ... / es gibt ...*	*es gibt ...*

zum	Frühstück		immer = 100%
	Mittagessen	fast	immer ≈ 95–99%
	Abendessen	fast	nie ≈ 1–5%
			nie = 0%

A3 **Frühstücksinterview: Fragen Sie Ihre Partnerin / Ihren Partner und machen Sie Notizen.**
- Wann stehen Sie auf?
- Wer macht das Frühstück?
- Mit wem frühstücken Sie?
- Was trinken und essen Sie?
- Frühstücken Sie im Stehen oder im Sitzen?
- Gibt es bei Ihnen ein zweites Frühstück?

1 46-49 | **B1** **Hören Sie und ergänzen Sie.**

welche ● meins ● eine ● einen ● eins

A Manchmal gibt es schon um acht Uhr keine Nussschnecken mehr. Aber hier: Ich habe noch *welche..* bekommen.

B Tut mir leid, Larissa. Ich habe keine Brezel bekommen. Ich bringe dir das nächste Mal .... mit, okay?

C Wir brauchen ein Vollkornbrot. Bringst du bitte .... mit? Und ich hätte gern einen Schokoladenkuchen. Vielleicht hat der Bäcker noch ....!

D ● Hm, das Brötchen war aber lecker!
▲ Möchtest du vielleicht .... auch noch haben? Ich habe gar keinen Hunger!

Ich möchte	einen	Schokoladenkuchen.
	ein	Vollkornbrot.
	eine	Brezel.
	—	Nussschnecken.

Ich habe noch	einen	bekommen.
	eins	
	eine	
	welche	

auch so: keinen, keins, keine; ▲ keine
meinen, meins, ...
deinen, ...

1 50 | **B2** **Hören Sie und variieren Sie.**

◆ Ich brauche einen Löffel. Bringst du mir bitte einen?
▼ Hier ist doch schon einer.

der Löffel	➜	Hier ist	einer.
das Messer	➜		eins.
die Gabel	➜		eine.
die Eier	➜	Hier sind	welche.

auch so: keiner, keins, keine; ▲ keine
meiner, deiner, ...

Varianten:

(das) Messer   (die) Gabel   (die) Schüssel   (der) Teller   Eier   Nüsse

B3 **Spiel: Küchen-Quartett**

a Machen Sie 16 Quartettkarten mit:

der Topf – die Schüssel – die Kanne – die Pfanne
das Messer – die Gabel – der Esslöffel – der Teelöffel
der Bierkrug – die Tasse – das Glas – der Becher
der Herd – der Kühlschrank – die Spülmaschine – die Mikrowelle

b Verteilen Sie die Karten und spielen Sie zu dritt.

▲ Ich brauche einen Topf. Hast du einen?
● Ja, hier bitte. / Nein, tut mir leid, ich habe auch keinen.
Ich brauche eine Tasse. Hast du eine? ...

c Die Spielerin / Der Spieler mit den meisten Quartetten hat gewonnen.

CD 1 51-54 **C1** **Hören Sie, lesen Sie und ordnen Sie die Bilder zu.**

A B C D

☐ ▲ Was darf ich Ihnen bringen?
  ● Ich nehme die Kürbiscremesuppe und
     den Rinderbraten.
  ▲ Ja, gern. Und zum Trinken?
  ● Ein Mineralwasser, bitte.

☐ ■ Verzeihen Sie, der Salat ist nicht frisch.
     Und außerdem ist zu viel Essig drin.
  ● Oh, das tut mir leid. Ich bringe Ihnen
     sofort einen neuen.
  ■ Danke. Sehr nett.

☐ ■ Können wir bitte bezahlen?
  ◆ Ja, gern. Zusammen oder getrennt?
  ■ Getrennt, bitte. Ich hatte eine Latte
     Macchiato und ein Croissant.
  ◆ Das macht 4 Euro 10, bitte.
  ▼ Und ich hatte einen Tee mit Zitrone
     und eine Portion Eis.
  ◆ 4,50, bitte.
  ■ Stimmt so.

☐ ● Entschuldigung, ist der Platz noch frei?
  ◆ Aber sicher. Setzen Sie sich doch.

C2 **Was passt wo? Ordnen Sie.**

Haben Sie schon bestellt? – Nein, noch nicht. ● Zahlen, bitte. ● Der Salat ist nicht mehr frisch. –
Oh, das tut mir leid. Ich bringe Ihnen einen neuen. ● Die Rechnung, bitte. ● Die Karte, bitte. ●
Was darf ich Ihnen bringen? ● Ist hier noch frei? ● Ich möchte bitte bestellen. ● Die Suppe ist zu kalt. ●
Ich möchte bitte bezahlen. ● Nein, tut mir leid. Der Platz ist besetzt. ● Ich nehme/möchte einen
Schweinebraten. ● Zusammen oder getrennt? ● Getrennt, bitte. ● Aber sicher. Nehmen Sie doch Platz. ●
Das macht 19,20 Euro. ● Zusammen. ● Können wir bitte bezahlen? ● Hier bitte. Stimmt so. ●
Eine Gemüsesuppe, bitte. ● Das macht 18,90 Euro, bitte. – 20, ~~bitte.~~ *Stimmt so.*

bestellen	bezahlen	reklamieren	einen Sitzplatz suchen
Haben Sie schon bestellt? – *Nein, noch nicht.*	*Zahlen, bitte.*		

C3 **Rollenspiel: Wählen Sie eine Situation und spielen Sie im Kurs.**

| **bestellen – Gast** Sie möchten eine Gemüsesuppe. | **bestellen – Kellner** Gemüsesuppe gibt es nicht mehr. Es gibt noch Nudelsuppe. |

| **bezahlen – Gast** Sie haben ... gegessen. Geben Sie Trinkgeld. | **bezahlen – Kellner** Das Gericht kostet ... |

| **reklamieren – Gast** Sie haben ... bestellt, aber ... bekommen. | **reklamieren – Kellner** Es tut Ihnen leid. Sie bringen sofort ... |

| **einen Sitzplatz suchen – Gast 1** Das Restaurant ist sehr voll. Es gibt keine freien Tische. Fragen Sie einen Gast nach einem Platz. | **einen Sitzplatz suchen – Gast 2** Sie können leider keinen Sitzplatz anbieten. ... kommen noch. |

1 55 ⊡ **D1** **Hören Sie einen Ausschnitt aus einem Lied von *Herbert Grönemeyer*.**

a Was meinen Sie: Wie heißt das Lied?
☐ Currywurst
☐ Hunger

b Haben Sie schon einmal eine Currywurst gegessen? Ja? Wo? Wie hat sie Ihnen geschmeckt?

D2 **Lesen Sie den Text. Beantworten Sie die Fragen.**

a Lesen Sie die Zeilen 1–22. Was ist ein typisch deutscher Imbiss? Kreuzen Sie an.
☐ Ein Käse- oder Schinkenbrötchen. ☐ Ein Hamburger. ☐ Eine Wurst.

b Lesen Sie dann die Zeilen 23–37. Notieren Sie.
Wie kann man Wurst essen? *...gekocht,...*
Was für ein Gericht ist Currywurst? *Eine Bratwurst mit...*

c Lesen Sie den Text bis zum Ende und kreuzen Sie an. Was ist richtig?
▪ Der Bundeskanzler ☐ ist der Regierungschef. ☐ hat eine Imbissbude.
▪ „Konnopke" ☐ ist eine berühmte Imbissbude in Berlin. ☐ ist ein Restaurant für Regierungschefs.

Currywurst

Sollen wir es „Fast Food" nennen? Natürlich nicht! Wir haben doch ein wunderbares eigenes Wort für die schnelle Mahlzeit. In Deutsch-
5 land sagen wir „Imbiss" dazu.
Einen Imbiss holt man in der Metzgerei (Fleischerei), in der Bäckerei, an der Imbissbude oder am Kiosk. Dort bekommt man zum Beispiel
10 Käse-, Salami- oder Schinkenbrötchen.
Typisch deutsch ist das nicht. Sandwiches gibt es schließlich in vielen Ländern, genau wie Hambur-
15 ger oder Cheeseburger. Wurst dagegen – ja, das ist wirklich deutsch! Nirgends auf der Welt gibt es so viele unterschiedliche Wurstarten wie bei uns: Frankfurter, Pfälzer,
20 Weißwurst, Fränkische, Bockwurst, Regensburger und tausend andere Sorten.

Die meisten Deutschen lieben Wurst. Sie essen sie gekocht oder gebra-
25 ten, mit Ketchup oder scharfem Senf. Dazu gibt es ein Brötchen, Sauerkraut, Kartoffelsalat oder Pommes Frites.
Auch unsere Musik beschäftigt sich
30 immer wieder mit der deutschen Lieblingsspeise. Der Popsänger Herbert Grönemeyer liebt Currywurst und widmet ihr einen ganzen Song. Currywurst? Eine weiße oder rote

35 Bratwurst, in Stücke geschnitten, darüber kommt Ketchup und Currypulver.
Kein besonders raffiniertes Gericht, finden Sie? Das kann sein, aber un-
40 ser Ex-Bundeskanzler Gerhard Schröder isst nichts anderes so gerne. Er meint, die beste Currywurst gibt es bei „Konnopke". So heißt eine traditionelle Imbissbude
45 im Osten Berlins. Konnopkes Soße wird seit Jahrzehnten nach einem geheimen Rezept hergestellt und schmeckt einfach himmlisch. Wenn Sie mal nach Berlin kommen, fah-
50 ren Sie in die Schönhauser Allee zu „Konnopke" und probieren Sie es selbst. Wer weiß, vielleicht treffen Sie dabei ja unseren ehemaligen Regierungschef?

D3 **Essen Sie gern Fast Food? Was essen Sie? Erzählen Sie.**

> ⬦ *Ich esse manchmal Fast Food, zum Beispiel ...*
> *Ich esse gern scharf, zum Beispiel Chili con carne. Das ist ein Bohnengericht aus Lateinamerika.*
> *Wurst mag ich nicht. Die ist mir zu fett. Aber manchmal esse ich ...* ◢

süß   scharf   salzig   fett   sauer

E1   **Sehen Sie das Foto an.**

Was zeigt es? Sprechen Sie.

> Abend ● Besuch ● Einladung / einladen ● Gast ●
> Gastgeber/in ● mitbringen ● Essen ● ...

> Es ist Abend.
> Ein Paar ...

CD 1 56-60   **E2**   **Hören Sie eine Radiosendung.**

a   Auf welche Fragen bekommen Sie eine Antwort? Kreuzen Sie an.

☐ Darf man nach dem Essen rauchen?   ☐ Das Essen schmeckt nicht. Darf man das sagen?
☐ Darf man seine Freunde mitbringen?   ☐ Wann kann oder muss man nach Hause gehen?
☐ Was soll man mitbringen?   ☐ Soll es immer eine Nachspeise geben?
☐ Wie pünktlich muss man kommen?   ☐ Darf man alles aufessen?

b   Hören Sie noch einmal. Was ist richtig? Kreuzen Sie an.

1   30 Minuten zu spät zu einer Einladung zum Essen – das ist nicht sehr höflich.   ☐
2   Bringen Sie als Geschenk immer eine Flasche Wein und Blumen mit.   ☐
3   Sie machen eine Diät oder etwas schmeckt Ihnen nicht. Kein Problem: Sagen Sie das den   ☐
    Gastgebern einfach beim Essen.
4   Lassen Sie immer etwas übrig. Sonst denken die Gastgeber, Sie sind nicht satt.   ☐
5   Bleiben Sie nicht zu lange. Aber gehen Sie auch nicht gleich nach dem Essen nach Hause.   ☐

E3   **Sprechen Sie über die Radiosendung.**

> Eine halbe Stunde zu spät kommen – das ist nicht
> höflich? Bei uns ist das anders. Da ist das ganz
> normal. Man kann auch eine Stunde zu spät kommen.

> *Das finde ich interessant/seltsam.*
> *Bei uns gibt es das auch/nicht.*
> *Bei uns ist das genauso/anders.*

CD 1 61-64   **E4**   **Sehen Sie die Bilder an und hören Sie die Gespräche. Was passt? Ordnen Sie zu.**

A   B   C   D

b ▲ Setzt euch doch. Was möchtet ihr trinken?
    Wein oder Bier? Oder Wasser?
  ● Für mich ein Bier, bitte.
  ■ Für mich auch.

d ■ So, jetzt müssen wir aber gehen.
  ▲ Ach, schon? Bleibt doch noch ein bisschen.
  ■ Tut mir leid, Annette, aber wir müssen
    wirklich nach Hause. Ich muss morgen
    schon ganz früh aufstehen.
  ▲ Na schön. Kommt gut nach Hause.

c ● Die Lasagne ist wirklich lecker.
  ▲ Möchtest du noch etwas?
  ● Ja, gern. Kannst du mir vielleicht das
    Rezept geben? Die schmeckt einfach super.
  ▲ Na klar. Übrigens: Die Nudeln habe ich selbst gemacht.
  ● Toll!

a ▲ Hallo, da seid ihr ja. Kommt doch rein.
  ■ Danke. Hier: für dich!
  ▲ Oh, Blumen, die sind aber schön!
    Das wäre doch nicht nötig gewesen!

E5   **Rollenspiel: Wählen Sie eine Situation und spielen Sie.**

> Ihre deutschen Freunde besuchen Sie
> zu Hause. Bitten Sie sie herein. Bieten
> Sie etwas an.

> Sie sind bei Ihrer deutschen Freundin. Das Essen hat sehr
> gut geschmeckt. Sie müssen morgen früh aufstehen.
> Verabschieden Sie sich.

Grammatik

1 Indefinit- und Possessivpronomen: Nominativ

maskulin	der Löffel	Hier ist	einer.	meiner.
neutral	das Messer	Hier ist	eins.	meins.
feminin	die Gabel	Hier ist	eine.	meine.
Plural	die Eier	Hier sind	welche.	meine.

auch so: keiner, keins, keine; ⚠ keine
deiner, seiner, …

2 Indefinit- und Possessivpronomen: Akkusativ

maskulin	den Schokoladenkuchen	Ich habe noch	einen	bekommen.
neutral	das Vollkornbrot		eins	
feminin	die Brezel		eine	
Plural	die Nussschnecken		welche	

auch so: keinen, keins, keine; ⚠ keine
meinen, meins, meine, ⚠ meine
deinen, …
…

------→ ÜG, 3.03

Wichtige Wendungen   ≈ turn/ expressions

Im Restaurant: einen Platz suchen

Ist hier noch frei?   Aber sicher. Nehmen Sie doch Platz.
Ist der Platz noch frei?   Nein, tut mir leid. Der Platz ist besetzt.

set with pencil occupied

Im Restaurant: bestellen

Die Karte, bitte.
Ich möchte bitte bestellen.
Haben Sie schon bestellt?   Nein, noch nicht.
Was darf ich Ihnen bringen? Ich nehme/möchte die Suppe, bitte.
Eine Gemüsesuppe, bitte.

Wie oft?

immer •
fast immer •
meistens •
oft • selten •
fast nie • nie

Im Restaurant: reklamieren   *making a complaint*

Verzeihen Sie, … ist nicht frisch / ist zu kalt.   Oh, das tut mir leid. Ich bringe Ihnen …

forgive, excuse

Im Restaurant: bezahlen

Zahlen, bitte.
Die Rechnung, bitte.
Ich möchte bitte bezahlen.
Können wir bitte bezahlen?   Zusammen oder getrennt?
Zusammen. / Getrennt.   Das macht …
Hier bitte. Stimmt so.

Etwas vergleichen: Das finde ich …

Das finde ich interessant/seltsam. •
Bei uns gibt es das auch/nicht. •
Bei uns ist das genauso/anders. •
Da ist das ganz normal.

Private Einladung: Kommt doch rein.

Kommt doch rein. • Oh, die Blumen
sind aber schön. • Das wäre doch
nicht nötig gewesen. • Setzt euch
doch. • Was möchtet ihr trinken?
Wein oder Bier? • Möchtest du
noch etwas? • Bleibt doch noch ein
bisschen. • Kommt gut nach Hause.

Für mich ein Bier, bitte. •
Das ist aber lecker! • Kannst du
mir das Rezept geben? •
Jetzt müssen wir aber gehen.

Lübecker Marzipan

Berliner

Bremer Klaben

Aachener Printen

Frankfurter Kranz

Deutschland

Lübeck

Bremen

Berlin

Dresden

Aachen

Frankfurt

Nürnberg

Basel

Linz

Salzburg

Schweiz

Österreich

Dresdner Stollen

Nürnberger Lebkuchen

Linzer Torte

Basler Leckerli

Salzburger Nockerln

1 **Sehen Sie die Fotos an.**

Welche Spezialität kennen Sie? Kennen Sie noch andere?

2 **Lesen Sie die Texte. Bilden Sie Gruppen und suchen Sie eine Spezialität aus.**

a Suchen Sie das Rezept dazu im Internet.
b Suchen Sie mehr Informationen zu der Stadt.
c Präsentieren Sie Ihre Ergebnisse im Kurs.

Bremer Klaben

Bremen

Zutaten

1 kg Mehl   80 g Zitronat
400 g Butter   40 g Orangeat
700 g Rosinen   80 g Hefe
125 g Korinthen   1/4 l Milch

Sie lieben Süßes und möchten trotzdem fit bleiben? Tja, da gibt es viele gute Tipps. Wollen Sie unseren hören? Kommen Sie nicht nach Deutschland, nach Österreich oder in die Schweiz. Diese drei Länder machen nämlich dick. Was? Das glauben Sie nicht? Na schön, testen Sie es selbst! Fahren Sie mit uns von Norden nach Süden, probieren Sie von allen süßen Spezialitäten je 100 Gramm und zählen Sie am Ende die Kalorien zusammen.

Lübeck. Die Stadt an der Ostsee hat 214.000 Einwohner und ist die Heimat des berühmten ‚Lübecker Marzipans'. **450 kcal**

Bremen ist eine Großstadt mit 540.000 Einwohnern und Deutschlands kleinstes Bundesland. Der ‚Bremer Klaben' ist eine Art süßes Brot. **400 kcal**

Berlin. Nicht nur die 3,8 Millionen Einwohner der deutschen Hauptstadt sind ‚Berliner'. Auch ein bekanntes Gebäck mit Marmeladenfüllung heißt so. **320 kcal**

Aachen ist die westlichste Großstadt Deutschlands und hat 260.000 Einwohner. Hier probieren wir ‚Aachener Printen', eine Art Lebkuchen. **450 kcal**

Dresden hat 490.000 Einwohner und ist die Hauptstadt des ostdeutschen Bundeslandes Sachsen. ‚Dresdner Stollen' ist ein schweres Weihnachtsgebäck. **410 kcal**

Frankfurt am Main hat 650.000 Einwohner und ist die wichtigste Bankenstadt auf dem europäischen Kontinent. ‚Frankfurter Kranz' ist ein beliebter Kuchen mit viel fetter Creme. **360 kcal**

Nürnberg. Die zweitgrößte bayerische Stadt hat eine halbe Million Einwohner und eine wunderschöne alte Burg. ‚Nürnberger Lebkuchen' kennt in den deutschsprachigen Ländern jedes Kind. **400 kcal**

Achtung, wir kommen nun nach Österreich, ins Mutterland der Süßspeisen, Nachspeisen, Kuchen und Torten. Denken Sie nur an die weltberühmte Sachertorte aus Wien! Das klingt nicht nach Diät, oder?

Linz. Auch die oberösterreichische Landeshauptstadt (190.000 Einwohner) hat eine süße Spezialität: die ‚Linzer Torte'. **460 kcal**

Salzburg ist die Geburtsstadt von Wolfgang Amadeus Mozart und hat heute etwa 150.000 Einwohner. Hier probieren wir die leckeren ‚Salzburger Nockerln', eine Süßspeise aus Zucker und Ei. **210 kcal**

Jetzt geht es in die Schweiz. Nirgends findet man eine bessere Schokolade. Aber in dem schönen Alpenland gibt es auch noch andere ‚gefährliche' Süßigkeiten. Zum Beispiel in Basel.

Mit 170.000 Einwohnern ist **Basel** die drittgrößte Stadt der Schweiz. Von hier kommen die ‚Basler Leckerli', eine Art Lebkuchen mit viel Honig und Nüssen. **430 kcal**

FOLGE 4: *BACKEN MACHT MÜDE*

<u>**1**</u> **Sehen Sie die Fotos an und zeigen Sie:**

den Bäcker   Brötchen   verschiedene Sorten Brot und Gebäck   eine Brezel   Teig

<u>**2**</u> **Ordnen Sie zu.**

☐ der Handwerker, –
Schreiner, Bäcker und Friseure sind Handwerker.
Sie arbeiten viel mit der Hand.

☐ die Fabrik, -en
Hier stellt man Produkte in großer Zahl her.

CD 1 65-72 ⊡ <u>**3**</u> **Sehen Sie die Fotos an und hören Sie.**

4   Warum geht Maria in die Bäckerei? Sprechen Sie.

5   Was meinen/sagen Thomas und Maria? Kreuzen Sie an.

   ☐ In Deutschland gibt es 3000 verschiedene Sorten Brot.
   ☐ Für kleine Handwerker ist es heute manchmal schwierig.
   ☐ Die Leute wollen für Lebensmittel nicht so viel Geld ausgeben.
   ☐ Die Leute essen nicht mehr so viel Brot wie früher.
   ☐ Beim Essen sollte man nicht sparen.
   ☐ Thomas steht schon um zwei Uhr nachts auf.
   ☐ Maria möchte Bäckerin werden.

6   Möchten Sie gern als Bäcker/in arbeiten? Warum (nicht)?

| Ja, warum nicht? | Nein, ich … |
| Backen macht mir Spaß und … | |

4 **A** Thomas ist Bäcker. Den **solltest** du mal besuchen, Maria!

Sitz nicht herum, bis sie anweisungen erhalten. (handwritten)

Wartest du nicht auf aufgaben zu bekommen. Suchst du ihnen, (handwritten)

CD 1 73-75

A1 Welches Foto passt zu welchem Ratschlag? Ordnen Sie zu. Hören Sie dann und vergleichen Sie.

C Vielleicht sollten Sie doch etwas anderes anziehen!

A Den solltest du mal besuchen, Maria!

B Es ist schon 19 Uhr. Ihr solltet wirklich auch bald nach Hause gehen.

ich	sollte
du	solltest
er/sie	sollte
wir	sollten
ihr	solltet
sie/Sie	sollten

A2 Lesen Sie den Text und ergänzen Sie die Tabelle.

Die ersten 100 Tage im Beruf
Was Sie beachten sollten
consider (handwritten above "beachten")

position (handwritten left margin)

Endlich der erste Job! Sie haben Ihre Ausbildung beendet, Sie haben Ihre erste Stelle gefunden und nun dürfen Sie endlich „so richtig" arbeiten. Hier ein paar Tipps als Starthilfe: Fragen Sie so viel wie möglich nach! Sie sind neu und jeder beantwortet Ihre Fragen sicher gern. Aber stellen Sie sachliche Fragen! Bieten Sie den Kollegen auch immer wieder Hilfe an. Ein wichtiger Rat: seien Sie dabei bitte nicht arrogant. Gehen Sie auf Ihre Kollegen zu, aber sprechen Sie nicht zu viel über Privates und reden Sie nicht schlecht über Kollegen oder den Chef! Und: Merken Sie sich möglichst schnell die Namen von Ihren Kollegen. Machen Sie ruhig ein paar Überstunden, aber übertreiben Sie nicht: Natürlich müssen Sie nicht Tag und Nacht arbeiten.

(handwritten glosses: advice, factual, offer, a couple of hours overtime, overdo, exaggerate)

Was sollte man tun?	Was sollte man nicht tun?
nachfragen (sachlich)	*arrogant sein*
anbieten Hilfe	*sprechen nicht zu viel über Privates*
merken sie Nahmen	*arbeiten Tag und Nacht nicht*
arbeiten einige Überstunden	*reden nicht schlecht über Kollegen*

A3 Formulieren Sie die Ratschläge aus A2 mit „*Du solltest / Sie sollten (nicht) …*".

Du solltest so viel wie möglich nachfragen.

Sie sollten nicht arrogant sein.

Suchen Sie nach Aufgaben (handwritten)
Du solltest nach Aufgaben such nicht warten auf anweisungen warten. (handwritten)

A4 Was muss man als Berufsanfänger noch beachten? Geben Sie weitere Ratschläge.
Arbeiten Sie in kleinen Gruppen. Gewinner: Wer in fünf Minuten die meisten Ratschläge gefunden hat.

Man sollte immer gut zuhören und …

Das sollte man beachten (handwritten)
- *zuhören*
- *pünktlich sein*

Und …

privat telefonieren (handwritten)
Füsse nicht auf schreibtisch (handwritten)
nicht rauchen (handwritten)

an die Adresse (handwritten)
Weiter lernen — lies passende Magazine (handwritten)

Vermeide zu viel Politik (handwritten)
respektiere sexuelle und rassische Gleichheit (handwritten)

Wenn du keine Lust mehr auf deinen Job hast, **dann** kannst du ja in einer Bäckerei arbeiten.

B 4

B1 Hören Sie noch einmal und variieren Sie.

● Wenn du keine Lust mehr auf deinen Job hast, dann kannst du ja in einer Bäckerei arbeiten.
▲ Ach, nein.

Varianten:

gern früh aufstehen – als Bäcker arbeiten ● eine neue Arbeit suchen – Stellenanzeigen lesen

> **Wenn** du keine Lust mehr auf deinen Job hast, (dann) *kannst du* ja in einer Bäckerei arbeiten.

B2 Lust auf den Job? Hören Sie und kreuzen Sie an: richtig oder falsch?

		richtig	falsch
a	Kurt ist Taxifahrer. Er arbeitet meistens nachts.	☐	☐
b	Er ist nachmittags nicht zu Hause, wenn Susanne arbeitet.	☐	☐
c	Wenn er interessante Fahrgäste hat, macht ihm das Taxifahren Spaß.	☐	☐
d	Es stört ihn nicht, wenn ein Kunde betrunken ist.	☐	☐
e	Susanne arbeitet Teilzeit in einer Apotheke.	☐	☐
f	Wenn das Baby da ist, will sie für drei Monate nur stundenweise arbeiten.	☐	☐
g	Wenn sie in der Apotheke Kunden Tipps geben kann, macht ihr die Arbeit besonders Spaß.	☐	☐
h	Sie ist nicht müde, wenn sie nach Hause kommt.	☐	☐

> **Wenn** das Baby da ist, *will sie* nur stundenweise arbeiten.
> Sie will nur stundenweise arbeiten, **wenn** das Baby da ist.

B3 Der neue Praktikumsplatz. Sprechen Sie.

Wenn Sie etwas brauchen, dann fragen Sie bitte mich oder die Kollegen.

Ja, in Ordnung.

Bitte geben Sie die Mehrwertsteuer immer an, wenn Sie eine Quittung schreiben.

Ja, klar.

Wenn ...	, (dann) ...
Sie brauchen etwas	mich oder die Kollegen fragen
Sie gehen abends nach Hause	bitte die Tür abschließen
Sie haben Kopfschmerzen	Medikamente in dem Schrank da vorn finden
Sie haben Tee oder Kaffee getrunken	bitte Ihre Tasse selbst spülen
Sie haben Hunger	in die Kantine gehen können
Sie schreiben eine Quittung	die Mehrwertsteuer immer angeben
ein deutscher Text ist zu kompliziert →	Herrn Müller fragen, er übersetzt ihn sicher für Sie
Sie brauchen Material →	am Empfang fragen

B4 Spiel

Bilden Sie Gruppen und notieren Sie zehn „wenn-Sätze" zum Thema „Arbeit und Beruf".
Schneiden Sie Ihre Sätze in zwei Teile.
Geben Sie sie einer anderen Gruppe. Sie muss die Sätze wieder zusammensetzen.

CD 1 79

C1 **Hören Sie das Telefongespräch. Kreuzen Sie an: richtig oder falsch?**

		richtig	falsch
a	Der Chef ist schon im Haus.	☐	☐
b	Der Chef soll Herrn Jelinek zurückrufen.	☐	☐
c	Die Sekretärin soll dem Chef etwas ausrichten. *Pass on; deliver*	☐	☐
d	Herr Jelinek kommt heute erst später ins Büro.	☐	☐

CD 1 80-82

C2 **Hören Sie die Telefongespräche und ergänzen Sie.**

Durchwahl ● ausrichten ● sprechen ● später noch einmal ● auf Wiederhören ●
verbinden ● noch nicht ● außer Haus ● schon im Haus

1 ● Firma Kletz, Meier, guten Tag.

▲ Guten Tag, hier ist Schmidt.
Könnten Sie mich bitte mit Herrn Kraus _verbinden_?

● Tut mir leid, der ist gerade nicht am Platz. Kann ich ihm etwas _ausrichten_?

▲ Nein danke. Ich versuche es später noch einmal.

● Gut, dann auf Wiederhören, und einen schönen Tag noch.

▲ Danke, gleichfalls.

2 ■ Grüß Gott. Fehr hier. Kann ich bitte Herrn Burli
aus der Exportabteilung ....?

▼ Tut mir leid, der ist leider gerade ....   jemand
↔
■ Ist denn sonst jemand aus der Abteilung da?   niemand

▼ Nein, da ist im Moment niemand da. Es ist gerade Mittagspause.
Können Sie vielleicht _haben jemand_ anrufen? So gegen 14 Uhr?

■ Ja gut, ...   schon
↔
3 ◆ Guten Tag, hier ist Müller. Ist Frau Huber _schon da_ ?   noch nicht

■ Nein, sie ist leider _noch nicht_ da. Kann ich etwas ausrichten?

◆ Nein danke, nichts. Aber geben Sie mir doch bitte ihre ....

■ Ja gern, das ist die 274.   etwas
↔
◆ Vielen Dank. Also dann, ...   nichts

C3 **Rollenspiel: Spielen Sie Telefongespräche.**

Anrufer/in	Firma
Sie wollen Frau ... sprechen. Sie rufen später noch einmal an.	Frau ... nicht da. ... etwas ausrichten?
Herrn ... aus der Export-Importabteilung oder jemand anderen aus der Abteilung sprechen	Herr ... nicht da niemand sonst da – bitte später anrufen
bitte mit Frau ... verbinden – Durchwahl geben	Frau ... außer Haus – Durchwahl: 253

D1 Was meinen Sie?

a Wie viele Urlaubstage haben deutsche Arbeitnehmer im Durchschnitt?

☐ 14 Tage ☐ 28 Tage ☐ 35 Tage

b Wie viele Feiertage gibt es durchschnittlich in Deutschland?

☐ 5–7 Tage ☐ 11–13 Tage ☐ 16–18 Tage

c Welche Feiertage kennen Sie?

> Da gibt es doch zum Beispiel den „Tag der Deutschen Einheit". Ich glaube, der ist im Oktober.

> Feiertage in Deutschland – keine Ahnung!

D2 Lesen Sie und vergleichen Sie mit D1.

Studie

Deutsche sind Freizeitweltmeister

Köln – Deutsche Arbeitnehmer sind international Spitze – zumindest, was die Zahl freier Tage betrifft. Nach Informationen des Instituts der Deutschen Wirtschaft in Köln vom Mittwoch hatten Arbeitnehmer im letzten Jahr ca. 28 bis 30 Tage Urlaub und 11 bis 13 bezahlte Feiertage. Insgesamt macht das rund 40 freie Tage, also fast acht Wochen.

Hinter Deutschland folgen Luxemburg mit insgesamt 38 freien Tagen, vor Österreich und Spanien mit 37 Tagen. Am unteren Ende liegt Japan, vor Irland und den USA. In Japan hatten die Arbeitnehmer 31 freie Tage, in Irland 29 und in den USA nur 12 Urlaubstage und 11 Feiertage. Aber nicht alle Angestellten nehmen auch ihre Urlaubstage.

D3 Lesen Sie noch einmal und ergänzen Sie.

Urlaubs- und Feiertage

ca. 23   29   31   37   38   40

.... / .... *Deutschland.*

D4 Sprechen Sie.

a 28 Tage Urlaub – finden Sie das viel oder wenig? Wie viele Tage Urlaub im Jahr sollte man Ihrer Meinung nach haben?

b Wie oft machen Sie Urlaub im Jahr? Fahren Sie dann weg oder bleiben Sie zu Hause?

> 28 Tage Urlaub – das finde ich nicht viel!

> Ich glaube, jeder Mensch braucht mindestens ... Tage Urlaub im Jahr.

> Ich mache immer zweimal im Jahr Urlaub. Im Sommer und ...

E1 **Welcher Berufstyp sind Sie? Lesen Sie und kreuzen Sie an.**

Sind Sie ein typischer Kaufmann? Oder sollten Sie vielleicht Handwerker werden?
Oder ist ein sozialer Beruf das Richtige für Sie? Sie wissen es nicht?
Dann sollten Sie unbedingt unseren „Schritte"-Berufstest machen.

So einfach ist der Test:
1. Welcher Satz gefällt Ihnen am besten? Kreuzen Sie an.
2. Am Ende haben Sie zwei oder mehr Sätze mit demselben Symbol: ✿, ✳, ❖, ✦
3. Damit erkennen Sie Ihre Begabung und können dann den richtigen Beruf wählen.

1
- ☑ Bananen sind gesund. ✿
- ☐ Das sieht so ähnlich aus wie meine Bohrmaschine. ❖
- ☐ Ich habe Hunger. ✳
- ☐ Ein Kilo Bananen für 0,99 €? Das ist billig! ✦

2
- ☐ Diesen Hammer kann man doch nicht verkaufen! ✦
- ☑ Wo sind denn die Nägel? ❖
- ☐ Vorsicht! Damit kann man sich weh tun. ✿
- ☐ Oh je, das sieht nach Arbeit aus! ✳

3
- ☐ Aus Holz kann man viel machen. ❖
- ☑ Unter Bäumen kann man gut schlafen. ✳
- ☐ Viele Bäume sind ein Wald. ✿
- ☐ Warum nicht? Öko ist modern! ✦

4
- ☐ Die Sonne scheint für alle Menschen. ✿
- ☐ So schön kann's nur der Meister machen. ❖
- ☐ Optimismus ist gut fürs Geschäft. ✦
- ☑ Ich möchte jetzt spazieren gehen. ✳

5
- ☐ Adler machen tolle Nester – besser als jeder Handwerker! ❖
- ☐ Amerika ist ein wichtiger Handelspartner. ✦
- ☑ So ein Vogel hat auch kein leichtes Leben. ✳
- ☑ In der Natur hat jeder seinen Platz. ✿

6
- ☐ Zusammenarbeit ist wichtig. ✿
- ☑ Maschinen können bei der Arbeit helfen. ❖
- ☐ Das ist langweilig! ✳
- ☐ Maschinen sind ein wichtiger Exportartikel. ✦

Auflösung:
Am meisten ✦: Sie sind eher ein kaufmännischer Typ.
Am meisten ✿: Sie sollten eher einen sozialen Beruf wählen.
Am meisten ❖: Für Sie ist ein Handwerksberuf das Beste.
Am meisten ✳: Sie wollen gar nicht arbeiten, stimmt's?

Das Ergebnis ist nicht eindeutig? – Sie können sich wohl noch nicht entscheiden.

E2 **Sprechen Sie. Passt das Ergebnis zu Ihnen?**

▲ Ich bin ein „kaufmännischer Typ". Das passt nicht, ich bin Krankenschwester und mir gefällt meine Arbeit sehr gut. Wie ist es bei dir?

● Der Test sagt: Ich will gar nicht arbeiten. Das stimmt!

Grammatik

1 Ratschlag: *sollen* im Konjunktiv II

ich	sollte	wir	sollten
du	solltest	ihr	solltet
er/sie	sollte	sie/Sie	sollten

Sie [sollten] so viel wie möglich [nachfragen]!

------▶ ÜG, 5.12

2 Konjunktion: *wenn*

a Hauptsatz vor dem Nebensatz

	Konjunktion	Ende
Kurt macht das Taxifahren Spaß,	wenn er interessante Fahrgäste	hat.
Susanne will nur stundenweise arbeiten,	wenn das Baby da	ist.

------▶ ÜG, 10.11

b Nebensatz vor dem Hauptsatz

Konjunktion	Ende	⚠	
Wenn Kurt interessante Fahrgäste	hat,	(dann) macht ihm	das Taxifahren Spaß.
Wenn das Baby da	ist,	(dann) will Susanne	nur stundenweise arbeiten.

------▶ ÜG, 10.11

Wichtige Wendungen

Am Telefon: Können Sie mich mit ... verbinden?

Ist der Chef / die Chefin schon im Haus?	Nein, der/die ist leider noch nicht da.
	Soll er/sie zurückrufen?
	Kann ich etwas ausrichten?
Ich versuche es später noch einmal.	
Können Sie ihm/ihr bitte etwas ausrichten?	Ja, gern.
	Nein danke, nichts.
Können Sie mich bitte mit ... verbinden?	Tut mir leid, ... ist außer Haus.
	... ist noch nicht da.
Ist sonst jemand aus der Abteilung da?	Nein, da ist gerade niemand da.
Geben Sie mir doch bitte die Durchwahl von ...	Ja gern, das ist die 343.
Auf Wiederhören und einen schönen Tag noch.	Danke, gleichfalls.

Ratschläge: Sie sollten ...

Sie sollten nicht arrogant sein.
Fragen Sie so viel wie möglich nach!
Den solltest du mal besuchen!
Man sollte pünktlich sein!

Bewerten: Das stimmt ...

Das stimmt (nicht).
Das passt (nicht).

Strategien

Keine Ahnung!

Karl Elsener
(1860 – 1918)

Das Soldatenmesser
aus dem Jahr 1891

Das Schweizer
„Offiziersmesser" von 1897

Wenn Sie Brot schneiden, eine Dose Fisch und eine Flasche Wein aufmachen möchten, dann können Sie natürlich ein Messer, einen Dosenöffner und einen Korkenzieher suchen. Oder Sie holen einfach Ihr Ding aus der Tasche.

Das Ding ist klein und genial. Bei vielen gefährlichen Expeditionen ist es im Gepäck: Astronauten nehmen es in den Weltraum mit, Extrembergsteiger haben es im Himalaya dabei und einige Menschen haben einen Notfall nur mit Hilfe ihres Dings überlebt.

Das Ding gibt es weltweit in Millionen von ganz normalen Haushalten. Man findet es aber auch in der Design-Abteilung vom *Museum of Modern Art* in New York. Es ist schön und praktisch, es funktioniert immer und überall und es geht auch bei häufigem Gebrauch nicht kaputt.

Wenn Sie irgendwo roten Kunststoff sehen mit einem kleinen weißen Kreuz darauf, dann wissen Sie sofort, da ist schon wieder so ein Ding, so ein Schweizer Taschenmesser. Oder besser: ein *Schweizer Offiziersmesser*. So heißt es nämlich ganz genau, dieses Ding.

Die Idee
Der Schweizer Karl Elsener ist Messerschmied von Beruf und gründet 1884 in Ibach im Kanton Schwyz seine eigene Firma. Eines seiner Ziele: ein gutes, praktisches Messer für die Schweizer Armee.

1 **Sehen Sie das Bild an.**

a Ergänzen Sie die Zahl.

Dosenöffner: .... Korkenzieher: .... Messer: ....

b Haben Sie ein solches Taschenmesser?
Wenn ja:

- Seit wann haben Sie es?   ▪ Welche Funktionen hat es?
- Wann haben Sie es dabei? ▪ Was machen Sie damit?

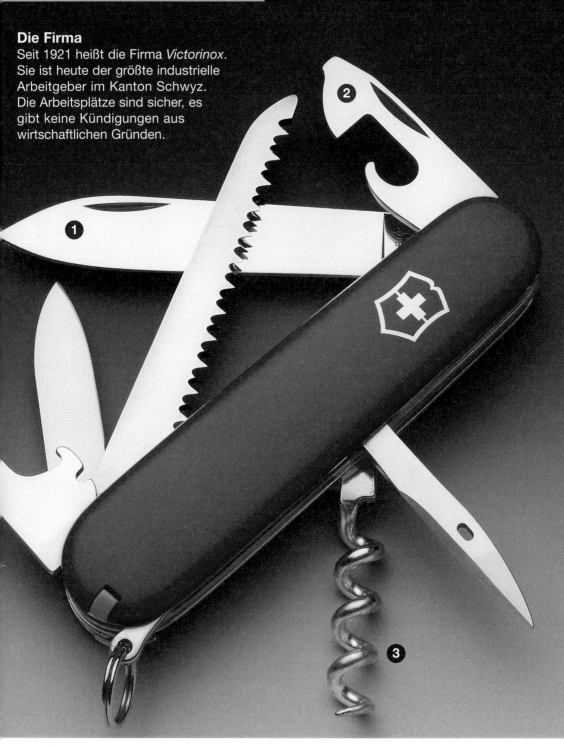

Die Firma
Seit 1921 heißt die Firma *Victorinox*.
Sie ist heute der größte industrielle
Arbeitgeber im Kanton Schwyz.
Die Arbeitsplätze sind sicher, es
gibt keine Kündigungen aus
wirtschaftlichen Gründen.

Das Messer
Das *Schweizer Offiziers-
messer* bekommt man
in 120 Ländern. Heute
gibt es mehr als hundert
Modelle mit bis zu 33 verschiedenen Funktionen.

Die Familie
Victorinox ist ein echtes
Familienunternehmen.
Der jetzige Chef,
Carl Elsener IV., ist
der Urenkel des Firmen-
gründers.

Zahlen
Die 1600 Mitarbeiter
der *Victorinox-Gruppe*
(*Victorinox* und *Wenger*)
stellen etwa 25 Millionen
Messer pro Jahr her.
90 Prozent davon
gehen in den Export.

2 **Lesen Sie die Texte.**

    a Bilden Sie Gruppen und suchen Sie Informationen.

       Gruppe 1: Was erfahren Sie über das „Schweizer Taschenmesser"?
       Gruppe 2: Was erfahren Sie über die Firma „Victorinox"?

    b Berichten Sie der anderen Gruppe.

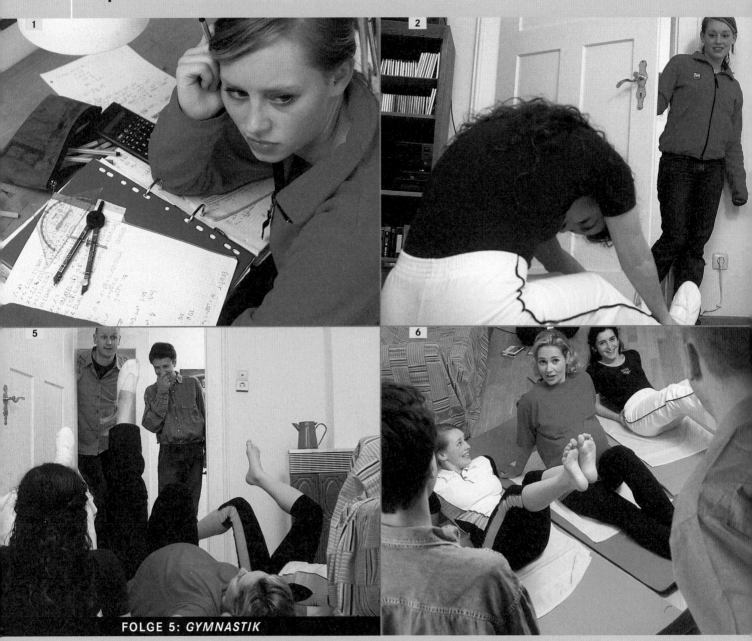

FOLGE 5: *GYMNASTIK*

CD 2 | 2 **1** **Hören Sie und erzählen Sie.**

a Woran denken Sie? **b** Gefällt Ihnen die Musik? **c** Wann hören Sie Musik?

2 **Sehen Sie die Fotos an.**

a Fotos 1–3: Wer ist das? Kreuzen Sie an.

	Susanne	Maria	Larissa
Sie macht Gymnastik.			
Sie muss sich konzentrieren, weil sie ihre Hausaufgaben machen muss.			
Sie muss bügeln.			

b Foto 7: Wie finden Sie Kurt? Sprechen Sie.

Ich finde, er ist etwas dick.

Nein, er ist doch nicht dick.

dick ● dünn ● groß ● klein ● sportlich ● …

CD 2 | 3-10 **3** **Sehen Sie die Fotos an und hören Sie.**

4 **Wer sagt das zu wem? Schreiben Sie.**

a _Maria zu Larissa_ : Komm, mach mit! Ich zeige dir, wie es geht. Mathe kannst du auch
nachher machen.

b .... : Ach was, bügeln kannst du später, Mama! Komm – Gymnastik macht Spaß!

c .... : Aber du bist schwanger. Denk an das Baby! Denk an deinen Bauch!

d .... : Du isst zu viel und du bewegst dich zu wenig. Guck doch mal in den Spiegel.
Du solltest ruhig auch mal Gymnastik machen.

e .... : Mein Bauch ist völlig in Ordnung.

f .... : In der letzten Zeit bist du eben ein bisschen dick geworden.

5 **Machen Sie auch Sport?**
Welche Sportart und wie oft?

Ich jogge zweimal
die Woche.

Ich schwimme sehr gern. Im Winter
gehe ich regelmäßig ins Hallenbad,
im Sommer ins Freibad.

Du isst zu viel und du **bewegst dich** zu wenig.

CD2 11

A1 **Hören Sie noch einmal und ergänzen Sie.**

reflexive Verben

a Wie soll man .... bei dem Lärm konzentrieren?

b Ich möchte .... lieber in die Badewanne legen.

c Du isst zu viel und du bewegst .... zu wenig.

d Wir Männer interessieren .... nicht für Gymnastik.

ich	bewege	mich
du	bewegst	dich
er/es/sie	bewegt	sich
wir	bewegen	uns
ihr	bewegt	euch
sie/Sie	bewegen	sich

auch so: sich legen, sich konzentrieren, sich interessieren, …

A2 **Lesen Sie und ordnen Sie zu.**

A **B** **C** **D**

1 Sie können sich nicht konzentrieren?
Setzen Sie sich auf einen Stuhl und schließen Sie die Augen. Denken Sie, Sie haben eine Orange auf Ihrem Kopf. Sie darf nicht runterfallen.

2 Sie fühlen sich schwach?
Sie müssen sich mehr bewegen. Gehen Sie jeden Tag eine halbe Stunde spazieren. Ruhen Sie sich danach fünf Minuten aus. Ziehen Sie die Schuhe aus und legen Sie die Füße hoch.

3 Sie fühlen sich oft müde?
Sie müssen sich gesund ernähren, d.h. genug Obst und Gemüse essen. Und – ärgern Sie sich nicht so viel! Das ist nicht gut für Ihr Herz.

4 Sie sind oft erkältet?
Stärken Sie Ihr Immunsystem. Duschen Sie sich jeden Tag warm und kalt. Ziehen Sie sich nicht zu warm an.

| Bild | A | B | C | D |
| Text | 4 | | | |

Sie müssen **sich** gesund ernähren.
Ruhen Sie **sich** aus!

A3 **Lesen Sie noch einmal den Text aus A2 und notieren Sie die Gesundheitstipps. Sprechen Sie mit Ihrer Partnerin / Ihrem Partner.**

Probleme — Tipps
sich nicht konzentrieren können — sich auf einen Stuhl setzen und …
sich müde fühlen — sich gesund ernähren …

● Ich kann mich nicht konzentrieren.
▲ Wenn du dich nicht konzentrieren kannst, dann setz dich auf einen Stuhl und …
■ Ich fühle mich oft müde.
▼ Wenn du dich oft müde fühlst, musst du dich gesund ernähren.

A4 **Im Kurs: Sammeln Sie weitere Tipps und machen Sie ein Gesundheitsplakat.**

spazieren gehen ● Musik hören ● Schokolade essen ● ein Kreuzworträtsel lösen ●
sich in die Badewanne legen ● fernsehen ● einen Tee trinken ● eine Konzentrationsübung machen ●
Freunde treffen ● telefonieren ● einkaufen gehen ● die Wohnung aufräumen ● Sport machen ● …

| Problem | sich nicht konzentrieren können | sich oft ärgern | sich nicht wohlfühlen | oft erkältet sein | sich müde fühlen |
| Tipps | spazieren gehen | | | | |

● Was macht ihr, wenn ihr euch nicht konzentrieren könnt?
▲ Ich gehe dann spazieren.
■ Ich …

B1 Und Sie? Interessieren Sie sich für …? Fragen und antworten Sie.

> Wir Männer interessieren uns nicht für Gymnastik!

▲ Interessieren Sie sich für Gymnastik?
● Nein, eigentlich nicht.
▲ Interessieren Sie sich für die Sportnachrichten?
● Ja, sehr, besonders für die Fußballergebnisse.
▲ Interessieren Sie sich für …?

> die Sportnachrichten ● Modezeitschriften ●
> die Wettervorhersage ● den Garten ●
> Computer ● das Theater ● …

Interessieren Sie sich für …?

+ *Ja, eigentlich schon.* – *Nein, eigentlich nicht.*
++ *Ja, sehr.* – – *Nein, überhaupt nicht.*

sich interessieren für	den Garten
	das Theater
	die Wettervorhersage
	die Sportnachrichten

B2 Lesen Sie die E-Mail.

a Markieren Sie die Verben mit Präpositionen.

Hallo Sabine,

ich denke oft an Dich. Träumst Du immer noch jede Nacht von Deinen Prüfungen? Ich hoffe, Du bist zufrieden mit dem Ergebnis und ärgerst Dich nicht mehr über Deinen Professor.
Hast Du mal wieder Lust auf etwas Bewegung? Ich treffe mich am Samstag mit ein paar Leuten zum Laufen.
Und: Gestern habe ich lange mit Kathrin gesprochen.
Ich habe mich mit ihr am Samstagabend verabredet. Wir gehen eine Kleinigkeit essen. Möchtest Du mitkommen? Du hast Dich in letzter Zeit kaum um Deine Freundinnen gekümmert. Auch Sandra hat sich schon über Dich beschwert. Also, komm mit! Bitte!
Ich warte auf Deine Antwort und freue mich auf Dich!

Jana

Verben mit Präpositionen
+ Akkusativ

warten auf	den Mann
	das Kind
	dich

+ Dativ

träumen von	dem Mann
	dem Kind
	dir

b Ordnen Sie zu.

Verben mit Präpositionen …

+ Akkusativ	+ Dativ
denken an …	*träumen von …*

B3 Fragen Sie Ihre Partnerin / Ihren Partner und sprechen Sie dann über sie/ihn.

die Familie, -n ● der Freund, -e ● der Urlaub ● die Arbeit ● das Kind, -er ● …

Träumst du …?
Hast du Lust …?
Kümmerst du dich oft …?
Wartest du oft …?
Bist du zufrieden …?

● Anna, träumst du oft von deinem Urlaub?
■ Ja.
● Hast du Lust auf eine Reise?
■ …

> Anna träumt oft von ihrem Urlaub.

CD2 12 **C1**   **Hören Sie und variieren Sie.**

▲ Gymnastik! Darauf habe ich keine Lust!   Ich habe keine Lust auf Gymnastik.
● Worauf hast du dann Lust? Auf Schwimmen?   Ich habe keine Lust darauf.
▲ Schwimmen! Darauf habe ich auch keine Lust!   Worauf hast du dann Lust?

Varianten:
Fußball – Tennis ● Laufen – Radfahren ● Aerobic – Tanzen

CD2 13-16 **C2**   **Hören Sie die Gespräche und ordnen Sie zu.**

	Fußball	Handball	Eishockey	Tennis
Gespräch	4			

CD2 13-16 **C3**   **Hören Sie noch einmal und ergänzen Sie.**

1   ● Das gibt's doch nicht. Jetzt verlieren die schon wieder.
    ■ Seit wann interessierst du dich für Frauenhandball?
    ● .... soll ich mich am Sonntagmittag denn sonst interessieren?
    ■ Der Braten ist fertig.
    ● Ah! .... interessiere ich mich natürlich noch mehr.

2   ▲ Endlich geht die Eishockey-Saison wieder los. .... freue ich mich schon seit Wochen.
    ● Na, ich weiß nicht, Eishockey finde ich ziemlich brutal.

3   ▼ Hier! Guck mal! Das Foto! Unsere Steffi! Steffi Graf mit Goldmedaille. Kannst du
    dich .... noch erinnern?
    ■ Klar kann ich mich .... erinnern. Das war 1988, bei der Olympiade in Seoul.

4   ● Das darf nicht wahr sein! Das gibt's doch nicht! Das war doch kein Foul!
    ■ Und .... ärgerst du dich jetzt? Das ist doch Quatsch!
    ● .... soll ich mich denn sonst ärgern? Jetzt haben wir verloren.

sich interessieren für …	dafür …	Wofür …?
sich freuen auf …	darauf …	Worauf …?
(sich) erinnern an …	daran …	Woran …?
sich ärgern über …	darüber …	Worüber …?

C4   **Ein Interview**

a   Fragen Sie Ihre Partnerin / Ihren Partner und notieren Sie die Antwort.

Wofür
Woran
Woran
Worauf, Worüber
worüber

    ■ … interessierst du dich am meisten?   *Wofür*
    ■ … denkst du gern?   *Woran*
    ■ … erinnerst du dich gern? *Woran*
    ■ … freust du dich am meisten?
    ■ … ärgerst du dich oft?

> Wofür interessierst
> du dich am meisten?

> Eva interessiert sich
> am meisten für Musik.
> Sie denkt gern an ihren Freund.

b   Verteilen Sie die Zettel neu. Wer ist das? Stellen Sie eine Person vor. Die anderen raten.

> Diese Person interessiert
> sich am meisten für Musik.
> Sie denkt gern an ihren Freund.

> Das ist Eva!

> Genau.

(handwritten top) 128
16,-50
19,4-50

D1 Ordnen Sie zu.

(handwritten: drehen / der Topspin / auf (aus))

Klettern ● Tischtennis ● Snowboard fahren ● Wandern ● Skifahren ● Segeln ● Golf

1	2	3	4	5	6	7

(handwritten under images, left to right)
2: *das Segeln (no pl)*   3: *der Golf(e)*   4: *das Tischtennis (no pl)*   5: *das Wandern (no pl)*   6: *das Klettern (no pl)*   7: *das Skifahren*

D2 Anrufe beim Sportreiseveranstalter

(margin: 17-19)

a Für welche Sportarten interessieren sich die Anrufer? Hören Sie und notieren Sie.

	Sportart	Wann?	Wie viel?
1	snowboard	4 x samstags oder …	
2			455 € / Woche pro Person ……… / Stunde erste Stunde: kostenlos
3			

samstags = jeden Samstag
auch so: montags, dienstags, mittwochs, …

b Hören Sie noch einmal und machen Sie Notizen (Wann? / Wie viel?).

D3 Rollenspiel: Anruf beim Sportreiseveranstalter. Wählen Sie eine Situation.

> Sie möchten Skifahren lernen. Sie sind Anfänger und suchen einen Tageskurs.

> Sie möchten mit drei Freunden im Oktober Urlaub in einem Golfhotel machen. Sie möchten auch Stunden bei einem Lehrer nehmen.

(Sport Fleck) … *most* … am Apparat.

Guten Tag. Hier ist *(handwritten: Skifahren M … einen täglichen Kurs)*
Ich interessiere mich für … / Bieten Sie … an?
Ich bin ~~Anfänger(in)~~ / Fortgeschrittene(r). *(handwritten: Kurse für fortgeschrittene Lernende)*

(handwritten: unsere Skischule für)
Da kann ich Ihnen … empfehlen.
Wir bieten z.B. … / Wir haben … im Programm. *(handwritten: Tageskurse für Erwachsene)*

Das klingt gut/interessant. / Wann …?

(handwritten: Erste Sonntags und … Monat Dezember … März)
… samstags / im … / vom … bis …

(handwritten: 128 Mittagessen)
… / inklusive … / … ist kostenlos.
Dazu kommen noch …
(handwritten: Tagesskipass für € 16,50 / Busfahrt)

Wie viel …? / Wie teuer …? *(handwritten: Kostet das)*

Könnten Sie mir bitte Informationsmaterial zusenden/zumailen/zufaxen?

(handwritten: … @ yahoo.co.uk)

Ja, geben Sie mir bitte Ihre Adresse / …

Gut. Dann sende ich Ihnen *(handwritten: eine Email)*

Vielen/~~Herzlichen~~ Dank für die Informationen / Ihre Hilfe. / Auf Wiederhören.

Bitte. / Gern geschehen. Auf *(handwritten: Wiedersehen)*

Sport Fleck — Ski- und Snowboardschule

Tageskurse für Erwachsene
Anfänger und Fortgeschrittene

Dezember – März   4 x samstags oder sonntags
128 € inkl. Busfahrt und Mittagessen
Tagesskipass: 16,50 €
jeweils ab dem 1. Samstag oder Sonntag im Monat

Golf - unser Top-Angebot
1 Woche im Golfhotel in Heide

639 € pro Person / Woche
inkl. Übernachtung im DZ mit Frühstück
Einzelstunden mit Golftrainer: 35 € pro Stunde
Die 1. Stunde ist kostenlos!
Termine: 1.- 8.10. / 5.-12.11

E1 **Lesen Sie den ersten Absatz (Zeile 1–7). Welche Aussage passt? Kreuzen Sie an.**

☐ Man muss viel Sport machen und oft trainieren. Nur so bleibt man wirklich fit.
☐ Man muss sich einfach täglich etwas bewegen. Dann bleibt man fit.

U n s e r E x p e r t e n t i p p

Wie viel Fitness braucht der Mensch?
Reicht eine halbe Stunde Bewegung pro Tag?

Fitness ist ein sehr weiter Begriff. Wenn man wie ich um die Welt radeln oder den Mount Everest besteigen will, dann reicht eine halbe Stunde Training pro Tag natürlich nicht. Aber es will ja auch nicht jeder auf den Mount Everest steigen. Sie wollen fit sein und sich gut fühlen?
5 Dann müssen Sie gar nicht viel machen. Bringen Sie nur etwas mehr Bewegung in Ihren Alltag. Wie? –
Ganz einfach:

Helmut Grassl, Extremsportler, hat in vier Monaten die Welt umradelt und schon dreimal den Mount Everest bestiegen.

▓ Machen Sie morgens nach dem Aufstehen Gymnastik: drei Liegestützen und fünf Kniebeugen reichen.

10 ▓ Gehen Sie die Treppen nicht nur zu Fuß hoch, wenn der Aufzug außer Betrieb ist.

▓ Parken Sie Ihr Auto ein paar Straßen von Ihrem Arbeitsplatz entfernt und gehen Sie dann zu Fuß weiter. Oder: Fahren Sie doch gleich mit dem Fahrrad zur Arbeit.

▓ Noch besser ist es natürlich, wenn Sie zusammen mit anderen Sport machen und zum Beispiel Mitglied in einem Fitnessstudio werden oder bei einer Laufgruppe mitmachen.

E2 **Lesen Sie den Text aus E1 und tragen Sie die Tipps in die Tabelle ein.**

Kreuzen Sie dann an: Wie oft machen Sie das?

	oft	manchmal	selten	nie
morgens Gymnastik machen *Treppen …*				

E3 **Mal ehrlich!?**

a Lesen Sie die Fragen und schreiben Sie weitere Fragen.
b Wie reagieren Sie? Diskutieren Sie.

Der Supermarkt ist gleich in Ihrer Nähe. Sie gehen immer zu Fuß zum Einkaufen. Heute regnet es stark. Nehmen Sie das Auto?

Normalerweise machen Sie jeden Morgen zehn Minuten Gymnastik. Aber heute sind Sie noch ganz müde. Was machen Sie?

Sie gehen dienstags immer mit Ihren beiden Freundinnen joggen. Heute haben beide keine Zeit. Joggen Sie allein?

Sie besuchen einen Freund. Er wohnt im vierten Stock. Nehmen Sie die Treppe oder den Aufzug?

Ehrlich gesagt …
Wenn ich ehrlich bin, …
Das ist doch klar.
Das ist doch selbstverständlich.
Das finde ich etwas übertrieben.

Also, ehrlich gesagt, ich nehme den Aufzug!

Den Aufzug? Nein, ich gehe immer zu Fuß. Das ist doch selbstverständlich. Ich will ja fit und gesund bleiben.

Das …

Grammatik

1 Reflexive Verben

ich	bewege	mich
du	bewegst	dich
er/es/sie	bewegt	sich
wir	bewegen	uns
ihr	bewegt	euch
sie/Sie	bewegen	sich

Du bewegst dich zu wenig.

auch so: sich anziehen, sich ärgern, sich ausruhen, sich duschen, sich ernähren, sich fühlen, sich interessieren, sich konzentrieren, sich legen, sich setzen, …

→ ÜG, 5.24

2 Verben mit Präpositionen

mit		maskulin	neutral	feminin	Plural	*auch so:*
Akkusativ	warten auf	den Mann	das Kind	die Frau	die Personen	denken an, sich interessieren für, sich kümmern um, …
Dativ	sprechen mit	dem Mann	dem Kind	der Frau	den Personen	träumen von, sich treffen mit, …

→ ÜG, 5.23

3 Präpositionaladverbien

Verb mit Präposition	Präpositionaladverb	Fragewort	▲ da/wo + r + Vokal
(sich) erinnern an	da**r**an	**Wo**r**an** …?	da**r**an / wo**r**an
Lust haben auf	da**r**auf	**Wo**r**auf** …?	
sich interessieren für	da**für**	**Wofür** …?	
zufrieden sein mit	da**mit**	**Womit** …?	
sich ärgern über	da**r**über	**Wo**r**über** …?	
sich kümmern um	da**r**um	**Wo**r**um** …?	
träumen von	da**von**	**Wovon** …?	

Ich habe keine Lust auf Gymnastik. → Ich habe keine Lust darauf. – Worauf hast du dann Lust?

→ ÜG, 5.23

Wichtige Wendungen

Um Informationen bitten: Bieten Sie … an?

Ich interessiere mich für …
Bieten Sie … an?
Das klingt gut/interessant.
Wie viel kostet …? / Wie teuer ist …?

Könnten Sie mir bitte Informations-
material zusenden/zumailen/zufaxen?
Herzlichen Dank für die Informationen.
Vielen Dank für Ihre Hilfe.

Ich kann Ihnen … empfehlen.
Wir haben … im Programm.

… ist kostenlos.
Dazu kommt/kommen noch …
Geben Sie mir bitte …

Gern geschehen.

Antworten abstufen

Interessierst du dich
für …?
Ja, sehr. ●
Ja, eigentlich schon. ●
Nein, eigentlich nicht. ●
Nein, überhaupt nicht.

Ärger ausdrücken

Das gibt's doch nicht! ●
Das darf nicht wahr sein! ●
Das ist doch Quatsch!

Seine Meinung sagen: Das ist doch klar.

Ehrlich gesagt … ● Wenn ich ehrlich bin, … ● Das ist doch klar. ●
Das ist doch selbstverständlich. ● Das finde ich etwas übertrieben.

jemanden nach seinen Interessen/Wünschen fragen

Interessieren Sie sich für …?
Haben Sie Lust auf …?
Wofür interessierst du dich am meisten?
Worauf haben Sie Lust?
Woran denkst du gern?
Worauf freust du dich am meisten?

Dafür interessiere ich mich sehr.
Darauf habe ich keine Lust!
(Ich interessiere mich am meisten) Für …
(Ich habe Lust) Auf …
(Ich denke) An …
(Ich freue mich) Auf …

Interessieren Sie sich für Sport? Dann haben Sie bestimmt schon mal von *free climbing* gehört. Bei dieser Art des Kletterns braucht man einen besonders gut trainierten Körper. Free climbing ist heute in vielen Ländern sehr beliebt. In letzter Zeit ist es sogar eine richtige Modesportart geworden. Aber so neu ist das freie Klettern gar nicht. Es ist nämlich schon mehr als hundert Jahre alt und kommt aus Sachsen.

Das Bundesland Sachsen liegt im Osten von Deutschland und hat etwa 4,3 Millionen Einwohner. Südöstlich der Landeshauptstadt Dresden liegt auf beiden Seiten der Elbe das *Elbsandsteingebirge*. Ein kleiner Teil dieses Gebirges liegt in Tschechien, ein großer Teil in Deutschland. Diesen Teil nennt man auch die *Sächsische Schweiz*.

Seit dem 19. Jahrhundert interessieren sich Bergsteiger für die wunderschöne Landschaft mit ihren tollen Sandsteinfelsen. Sandstein ist ein sehr weicher Stein und kann beim Klettern leicht kaputtgehen. Also hat man eine besondere Klettertechnik gesucht und gefunden: das freie Klettern. Dabei darf man nur ganz wenige Hilfsmittel benutzen, wie zum Beispiel ein Seil.

Mit ihren mehr als tausend Gipfeln und etwa 20.000 Kletterwegen gehört die Sächsische Schweiz zu den meistbesuchten Klettergebieten Deutschlands. Wenn man ganz genau wissen möchte, wo und wie man hier klettern darf, kann man in den *Sächsischen Kletterregeln* nachsehen. Die gibt es schon seit 1910.

Die Elbe und das Elbsandsteingebirge

Der Lilienstein in der Sächsischen Schweiz

Ein sehr bekannter Felsen in der Sächsischen Schweiz: Die Bastei (hier mit der Basteibrücke)

1 Free Climbing und Sachsen

a Was wissen Sie über diese Themen? Sammeln Sie im Kurs.

Free Climbing

Sachsen — *Bundesland im Osten*

> Sachsen ist doch ein Bundesland. Es liegt …

b Sehen Sie alle Fotos an, lesen Sie die Texte und überprüfen Sie Ihre Vermutungen. Notieren Sie Stichpunkte.

Free Climbing	Sachsen	Fritz Wiessner
- kommt aus Sachsen		- geb. 1900
- mehr als 100 Jahre alt		- klettert viel

Der berühmte Bergsteiger und Kletterer Fritz Wiessner

FRITZ WIESSNER

wird 1900 in Dresden geboren. In den 20er Jahren klettert er viele schwierige Touren im Elbsandsteingebirge und in den Alpen. Mit 29 geht er in die Vereinigten Staaten, studiert dort und gründet eine Chemiefirma. Er ist beruflich erfolgreich und wird in seiner neuen Heimat auch zu einem berühmten Bergsteiger und Kletterer. Er macht viele wichtige Expeditionen und besteigt einige Berge zum ersten Mal.

Und er hat die sächsische Freiklettertechnik nach Amerika gebracht. Durch ihn wird *free climbing* dort erst richtig bekannt. „Wenn ich nicht mehr klettern kann, dann möchte ich sterben", hat er einmal zu einem amerikanischen Bergsteigerkollegen gesagt. Unsere Bilder zeigen ihn beim Klettern in Griechenland und in Deutschland im Alter von 77 Jahren. Fritz Wiessner stirbt 1988 in Vermont.

2   Ein bekannter deutscher Sportler

■ Kennen Sie eine deutsche Sportlerin / einen deutschen Sportler?
■ Suchen Sie Informationen im Internet. Schreiben Sie wichtige Informationen über die Sportlerin / den Sportler auf ein Plakat und berichten Sie im Kurs.

> Franz Beckenbauer
> Fußballer
> • geb. 11. September 1945
> • Spieler beim FC Bayern München
> • hat in der Nationalmannschaft gespielt
> • hat später die Nationalmannschaft trainiert
> • hat die Weltmeisterschaft 2006 in Deutschland organisiert

Zwei Kletterer mit Seil auf dem Gipfel eines Sandsteinfelsens in der Sächsischen Schweiz (Detail aus einer alten Postkarte)

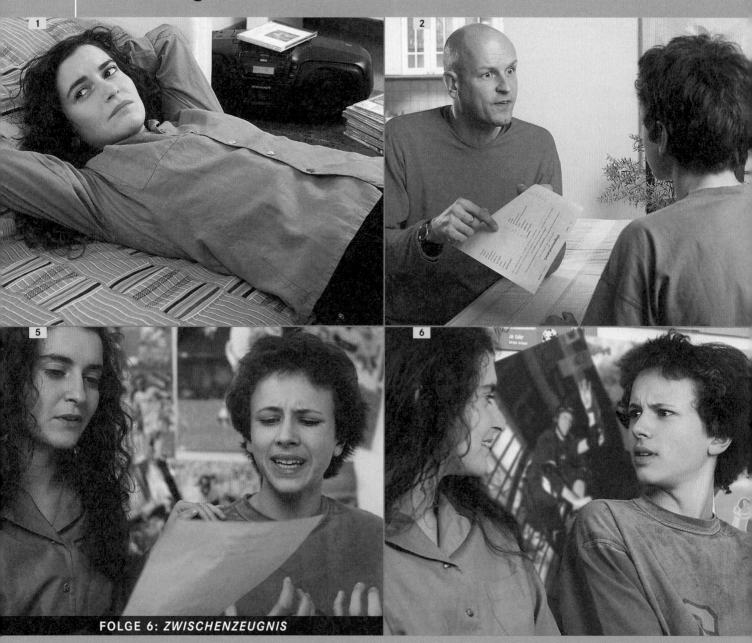

FOLGE 6: *ZWISCHENZEUGNIS*

1 **Schule, Studium und Ausbildung**
Ordnen Sie zu.

a das Zeugnis [1]
das Fach ☐
die gute Note ☐
die schlechte Note ☐

① Zwischenzeugnis
für den Schüler des Gymnasiums

Simon Braun
(Vorname, Familienname)

④		Leistungen:	
Mathematik	5	Englisch	2
Deutsch	③ 5	Sport	② 1
Biologie	2	Musik	1

b in der Schule sitzen bleiben — Die Abschlussprüfung an einem Gymnasium. Danach kann man studieren.
das Abitur — einen Beruf lernen
eine Ausbildung machen — Mit zwei Fünfen oder einer Sechs im Zeugnis muss man eine Klasse wiederholen

2 **Wie heißt das Gegenteil? Ergänzen Sie: dumm faul arm blöd**

a fleißig – .... **b** intelligent – *dumm* **c** toll – .... **d** reich – ....

02 20-27 | **3**   **Sehen Sie die Fotos an und hören Sie.**

4   **Wer sagt was? Kreuzen Sie an.**

	Simon	Kurt	Maria
a Ich wollte Abitur machen, ich wollte studieren, aber ich durfte nicht.			
b Ich will nicht studieren, aber ich muss anscheinend!			
c Na ja, zwei Fünfen, das ist doch gar nicht so schlimm, Simon!			
d Mit zwei Fünfen bleibe ich sitzen! Dann muss ich noch ein Jahr länger auf diese blöde Schule.			
e Jetzt bin ich richtig froh, dass Maria da ist. Sie hilft mir ab heute beim Mathelernen!			

5   **Wie finden Sie das Verhalten von Kurt?**

Ich finde, Kurt ist zu streng.   Kurt hat recht. Er macht sich Sorgen, weil …

CD 2 | 28 | ↻ **A1**   **Hören Sie noch einmal und ergänzen Sie.**

muss ● durfte ● wollte ● musste ● wollte ● will

▲ Ich .... Abitur machen. Ich .... studieren, aber ich .... nicht.

Ich .... raus und Geld verdienen ... und du?

● Bei mir ist es genau andersherum. Ich .... nicht studieren, aber ich .... anscheinend.

A2   **Sprechen Sie.**

<table>
<tr><td></td><td>**wollen**</td><td>**aber**</td><td>**sollen**</td><td>**müssen**</td><td></td><td>**Präteritum**</td><td></td></tr>
<tr><td>

Anna Tenorth
(geb. 1930)</td><td>Schneiderin werden
</td><td></td><td>auf dem
Bauernhof
helfen</td><td>Bäuerin
werden</td><td>ich

er/sie</td><td>wollte
konnte
sollte
durfte
musste</td><td>studieren</td></tr>
</table>

<table>
<tr><td></td><td>**wollen**</td><td>**aber**</td><td>**dürfen**</td><td>**können**</td><td></td></tr>
<tr><td>*Monika Maas*
(geb. 1944)</td><td>eine Lehre als
Buchhändlerin
machen</td><td></td><td>die Schule in
der Stadt
nicht besuchen</td><td>später eine
Ausbildung als
Bankkauffrau
machen</td><td>eine Ausbildung /
eine Lehre machen
=
einen Beruf lernen</td></tr>
</table>

> Anna Tenorth wollte Schneiderin werden, aber sie sollte ...

A3   **Was konnte / wollte / musste / durfte Friedrich in seinem Leben alles (nicht)? Schreiben Sie zu jedem Bild ein bis zwei Sätze.**

A   *Friedrich wollte spielen, aber er durfte nicht. Er musste lernen.*

A4   **Was wollten Sie früher werden? Was machen Sie heute? Zeichnen Sie, raten Sie und sprechen Sie.**

als | Kind
    | Jugendliche
    | Jugendlicher
mit | 11

▲ *Du wolltest als Kind Tierarzt/... werden, oder?*
Was wolltest du als Jugendliche/r werden? Pilot?

● *Ja, mit 11 / als Kind / als Jugendliche/r wollte ich ... werden.*
Ich wollte ..., aber ich konnte/durfte nicht. Ich musste/sollte ...
Später habe ich dann eine Ausbildung als ... gemacht.
Jetzt bin ich Anwalt / ... von Beruf / arbeite ich als ...
Jetzt bin ich Student. Ich studiere ...
Ich möchte gern ... werden.

ich	wollte	wir	wollten
du	wolltest	ihr	wolltet
er/sie	wollte	sie/Sie	wollten

auch so: konnte, sollte,
         durfte, musste

B1 Wer sagt was? Ordnen Sie zu.

a Ich bin richtig froh,
dass du bei uns bist.

c Papa meint, dass ich faul bin.

d Es ist aber wichtig, dass man
eine gute Ausbildung hat.

b Es tut mir leid, dass du
Stress mit der Schule hast.

e Ich finde es nicht so schlimm,
dass du zwei Fünfen hast.

Es ist wichtig, dass man eine gute Ausbildung hat.
auch so: Ich finde/meine, dass …
Es tut mir leid, dass …
Ich bin froh, dass …

B2 Wer findet Noten wichtig, wer nicht? Hören Sie und kreuzen Sie an.

2|29

… findet, dass Noten …	wichtig sind.	nicht wichtig sind.
Jakob	☐	☐
Olaf Meinhard	☐	☐
Anneliese Koch	☐	☐

B3 Wer sagt was? Hören Sie noch einmal und kreuzen Sie an.

2|29

	Jakob	Olaf Meinhard	Anneliese Koch
a Man kann auch mit schlechten Noten noch Erfolg im Beruf haben.			
b Man muss den Schülern Noten geben. Sie lernen sonst nicht.			
c Die meisten Schüler haben kein Interesse mehr an Deutsch oder Mathe. Sie lernen nur noch für eine gute Note.			

B4 Sprechen Sie.

Herr Meinhard sagt, dass Noten
wichtig sind. Er meint, dass man
den Schülern Noten geben muss.
Er glaubt, dass sie sonst …

Er/Sie sagt, | dass …
denkt,
glaubt,
ist sicher,

B5 Sprechen Sie in Gruppen.

Sind Noten in der Schule wichtig?

Sollen auch die Lehrer / die Professoren Noten bekommen?

Sollen Mädchen und Jungen in verschiedene Klassen gehen?

▲ Findest du, dass Noten in der Schule wichtig sind?
● Ja, ich finde Noten wichtig. Ich bin sicher, dass Schüler
ohne Noten nicht lernen. Was denkst du?
■ Meinst du, dass auch die Lehrer und Professoren
Noten bekommen sollen?
▼ Keine schlechte Idee! / Gute Idee!
■ Warum?
▼ Weil …

Findest du, | dass …?
Meinst du,
Glaubst du,
Bist du sicher,

C1   Das Schulsystem: Sehen Sie das Schema an. Was finden Sie interessant?

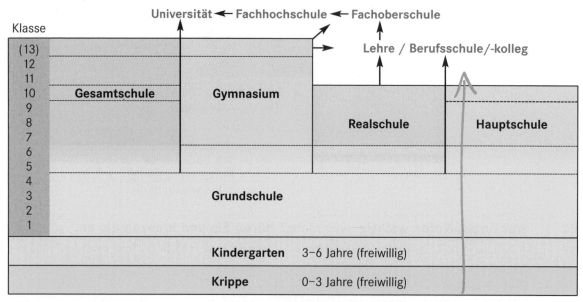

Universität ← Fachhochschule ← Fachoberschule

Lehre / Berufsschule/-kolleg

Klasse

(13) 12 11 10 9 8 7 6 5 4 3 2 1

Gesamtschule — Gymnasium — Realschule — Hauptschule

Grundschule

Kindergarten   3–6 Jahre (freiwillig)

Krippe   0–3 Jahre (freiwillig)

CD 2 30-33 | C2   Welchen Schulweg sind die vier Personen gegangen? Hören Sie und zeichnen Sie in das Schema aus C1.

1 Hanne Heinrich, 18 Jahre, **Auszubildende**
Sie ist froh, dass sie nicht mehr in die Schule gehen muss.

2 Klaus Eggers, 40 Jahre, Mechaniker
Seine Schulzeit war toll, meint er. Er hatte nie wieder so viel Spaß.

3 Anne Niederle, 31 Jahre, **Lehrerin**
Ihr Lieblingsfach war Englisch.

4 Daniel Holzer, 13 Jahre, Schüler
Er möchte nach der Schule ein Handwerk lernen. Vielleicht Schreiner.

C3   Ihre Schulzeit. Woran erinnern Sie sich? Machen Sie Notizen und erzählen Sie.

Ich bin mit ... Jahren
in die Schule gekommen.

Mein Lieblingsfach war Mathe/...
Biologie/... habe ich gehasst.
Schön/Langweilig war auch immer ...

Fächer

Deutsch/Englisch/...
Mathematik
Physik
Chemie
Biologie
Geschichte
Erdkunde
Kunst
Sport
Musik
...

Mein/e Lieblingslehrer/in war ...
Er/Sie hat ...
Nach der Schule habe/bin ich ...

Im Unterricht mussten wir ...
Die Lehrer waren bei uns sehr streng.
Wenn wir ...

Ich bin mit sieben Jahren in die Schule gekommen. Mein Lieblingsfach war immer Mathe. Da war ich gut. Der Mathelehrer war meistens auch mein Lieblingslehrer. ...

D 1 **Lesen Sie die Kursangebote. Markieren Sie das Thema:**
Technik = grün; Gesundheit = blau; Beruf = rot; Kultur und Gesellschaft = gelb.

Weiterbildungszentrum | Kursangebot – Frühjahr

1 Gehirn-Jogging – Fitness für die „grauen Zellen"
Nicht nur der Körper braucht Bewegung – auch das Gehirn! Mit Denk-
training bleibt es gesund und fit. Trainieren Sie mit spielerischen Übungen
Ihr Gehirn!

8 x Mi
17.30–19.00 Uhr
Beginn: Mi, 03.03.
5–12 TN

2 Computer-Putzaktion
Vergessen Sie beim Frühjahrsputz Ihren Computer nicht! Wie kann ich in
meinem Computer am besten Ordnung halten? Wie lösche ich Ordner/Dateien?
Wie säubere ich meine Festplatte? Voraussetzung: Windows-Kenntnisse

10 x Di
19.00–21.00 Uhr
Beginn: Di, 02.03.
5–8 TN

expunge
hard drive

3 Hereingetanzt – Tänze aus aller Welt
Tänze zeigen immer auch ein Stück Kultur. Lernen Sie Tänze aus anderen
Ländern kennen und tanzen Sie mit!

4 x Mo
17.45–19.00 Uhr
Beginn: Mo, 01.03.
7–12 TN

4 Die Kunst des Flirtens – eine Einführung
Wie komme ich am besten mit anderen in Kontakt? Flirten ist ein Spiel und
eine Kunst! Der Kurs zeigt Ihnen Techniken für interessante und chancenreiche
Kontakte. Frauen und Männer aller Altersgruppen sind herzlich willkommen.

So, 08.05.,
10.00–17.00 Uhr
7–12 TN

5 Filmcafé Europa
Bei Kaffee oder Tee können Sie Fernsehfilme aus allen europäischen Ländern
sehen. Sie bekommen einen Einblick in Politik, Wirtschaft und Kultur der Länder.

5 x Mo
14.15–16.00 Uhr,
Beginn: Mo, 08.03.

der Wirtschaftler (–)

6 Rhetorik II für Angestellte: Konflikttraining für mehr beruflichen Erfolg
Streit mit den Kollegen, Ärger mit dem Chef? Wie Sie Konflikte vermeiden
und lösen können – das erfahren Sie in diesem Seminar. Voraussetzung:
Sie haben am Kurs Rhetorik I teilgenommen.

Sa, 05./So, 06.04.,
9.00–14.00 Uhr
7–20 TN

the employee

7 Computer-Club für Frauen
Sie haben schon ein bisschen Erfahrung im Umgang mit „Word": Sie können
schreiben, speichern und drucken. Sie können auch mit CD-ROMs umgehen.
Aber Sie haben noch viele Fragen. Wir helfen Ihnen bei Ihren Problemen.

10 x Do
14.30–15.45 Uhr,
Beginn: Do, 19.02.
8–12 TN

8 Schwierige Gespräche führen
Kündigungen, Lohnverhandlungen – solche Gespräche fürchten Arbeitgeber
wie Arbeitnehmer. Wir nehmen Ihnen in diesem Seminar die Angst vor
diesen Themen und zeigen, wie man schwierige Gespräche konstruktiv und
effektiv führt. Anmeldung und Beratung: Frau Radünzel, Tel. 4501-702.

21.04. und 03.05.,
8.00–19.00 Uhr
5–12 TN

lead

9 Erste-Hilfe-Kurs
Ein Unfall im Straßenverkehr: Eine Person ist verletzt und blutet stark.
Der Notarzt ist noch nicht da! Was tun? Wir zeigen Ihnen die richtigen
Handgriffe in Notsituationen!

Sa
21.02.
8.30–15.00 Uhr

10 Workshop „Bewerbung"
Wie formuliert man das Bewerbungsschreiben? Wie präsentiert man sich
beim Vorstellungsgespräch? Bitte schriftliche Bewerbungen mitbringen!

5 x Di
9.00–15.30 Uhr
Beginn: Di, 17.02.
7–12 TN

34-38 **D 2** **Hören Sie fünf Gespräche. Welcher Kurs aus D1 passt zu welchem Gespräch?**

Gespräch	A	B	C	D	E
Kurs					

E1 Was ist bei der Berufswahl wichtig? Lesen Sie. Welche Aussage passt zu Ihnen?

1 „Spaß im Job? Ja, schon, aber wirklich wichtig sind Geld und Sicherheit. Schließlich will ich nicht arbeitslos werden!"

2 „Der Beruf muss Spaß machen – nur das ist wirklich wichtig. Und ein sicherer Job? Welcher Job ist schon sicher? Das weiß doch niemand!"

> „Aussage 1 passt zu mir! Ich bin Lehrerin. Mein Job ist ziemlich sicher. Das ist mir wichtig."

E2 Lesen Sie das Interview. Welche Aussage aus E1 passt zum Text?

„Ich wollte Rockstar werden."

Unglücklich im Job? Das muss nicht sein: Die Berufsfinderin Uta Glaubitz zeigt Ihnen in ihren Kursen den Weg zum Traumjob.

1 *Frau Glaubitz, warum sind so viele Menschen unglücklich in ihrem Job?*

Weil viele nicht in ihrem Wunschberuf arbeiten. Sie wollten eigentlich Rockstar oder Tänzer werden,
5 haben aber schon als Kind immer wieder Sätze gehört wie „Das ist doch kein richtiger Beruf!", oder: „Damit verdienst du doch kein Geld!" oder: „Da gibt es keine Arbeitsplätze." Und jetzt haben sie einen sicheren Job, aber der macht sie nicht
10 glücklich.

2 *Die Teilnehmer in Ihren Kursen suchen einen passenden Job. Wie helfen Sie?*

Am Anfang sage ich oft: „Stell dir vor, die Berufsfee kommt und fragt: ‚Welchen Job möchtest
15 du haben?' Was sagst du?" Die meisten antworten dann: „Das weiß ich nicht!" Aber so kann die Fee ja keinen Wunsch erfüllen. Wie findet man aber eine konkrete Antwort? Ich frage die Teilnehmer: „Was ist Ihnen wichtig? Was macht Ihnen Spaß? Was machen Sie gern, wenn Sie nicht arbeiten?" Und 20 dann überlegen wir für jeden Teilnehmer: Welcher Job passt?

3 *Und wie geht es dann weiter?*

Dann geht es um die Frage: Wie bekomme ich diesen Job? Was sind die ersten Schritte? Wir machen 25 für jeden Teilnehmer einen konkreten Plan. Und von vier Teilnehmern verändert dann tatsächlich einer innerhalb kurzer Zeit sein Leben.

4 *Zum Beispiel?*

Da gibt es viele Beispiele: Ein Biologe zum Bei- 30 spiel arbeitet heute als Weinbauer, eine ehemalige Krankenschwester als Kapitänin, eine Kauffrau als Schauspielerin. Und sie sind sehr glücklich in ihrem neuen Job – und auch sehr erfolgreich!

E3 Lesen Sie den Text aus E2 noch einmal und beantworten Sie mit Ihrer Partnerin / Ihrem Partner die Fragen.

- Was meint Frau Glaubitz: Warum sind viele Menschen in ihrem Beruf nicht glücklich?
- Oft weiß man nicht, was der Traumberuf ist. Welche Tipps gibt Frau Glaubitz?
- Wie bekommt man seinen Traumberuf? Was machen die Leute in Frau Glaubitz' Kursen?
- Funktioniert der Kurs? Verändern Leute danach wirklich ihr Leben?

Eine von Vier

E4 Der perfekte Job. Sprechen Sie.

Arbeiten Sie in Gruppen. Welcher Job passt perfekt zu Ihren Partnerinnen / Ihren Partnern?

● Ich finde, dass Alessandro Kellner werden sollte, weil er so gerne in Bars geht und immer erst so spät ins Bett geht.

■ Was?! Also, nein …

der Geologe
riesig
enorm
der Hammer ("s)

Grammatik

1 Modalverben: Präteritum

	müssen	können	wollen	dürfen	sollen
ich	musste	konnte	wollte	durfte	sollte
du	musstest	konntest	wolltest	durftest	solltest
er/es/sie	musste	konnte	wollte	durfte	sollte
wir	mussten	konnten	wollten	durften	sollten
ihr	musstet	konntet	wolltet	durftet	solltet
sie/Sie	mussten	konnten	wollten	durften	sollten

┄┄► ÜG, 5.09 - 5.12

2 Konjunktion: *dass*

	Konjunktion		Ende
Es ist wichtig,	dass	man eine gute Ausbildung	hat.
Er sagt,	dass	man den Schülern Noten geben	muss.

auch so: Ich denke / finde / meine / glaube / sage / bin sicher / …, dass …
Es tut mir leid, dass …
Ich bin froh, dass …
…

┄┄► ÜG, 10.06

Wichtige Wendungen

über die Schulzeit sprechen

Ich bin mit … in die Schule gekommen. •
Mein Lieblingsfach / Mein Lieblingslehrer war … •
… habe ich gehasst. • Schön/Langweilig war auch immer … •
Im Unterricht mussten wir … •
Die Lehrer waren bei uns sehr streng. Wenn wir …

über den Berufsweg sprechen

Als Kind / Mit 11 / Als Jugendliche/r wollte ich … werden. •
Ich wollte …, aber ich konnte/durfte nicht. Ich musste/sollte … •
Später habe ich dann eine Ausbildung als … gemacht. •
Jetzt bin ich … von Beruf. • Jetzt arbeite ich als … •
Jetzt bin ich Student/in. Ich studiere … • Ich möchte gern … werden.

Gefühle ausdrücken

Ich bin froh, dass … • Es tut mir leid, dass …

nach der Meinung fragen / seine Meinung sagen

Was denkst du? Meinst/Findest du, dass … •
Ich denke / finde / meine / glaube / bin sicher, dass … • Es ist wichtig, dass …

zustimmen

Er hat recht. •
Gute Idee! •
Keine schlechte Idee!

Sie haben es gesehen, aber sie konnten oder wollten es nicht verstehen. Sie waren unzufrieden. Sie haben gerufen. Sie haben mit Orangen geworfen. Sie sind mitten im Programm rausgegangen und haben laut die Türen zugemacht. Sie konnten sich nicht vorstellen, dass sie gerade den Anfang einer neuen Zeit erleben.

Ensemble in *Palermo Palermo*

Vor einem wütenden Publikum mussten die Tänzer ein paar Jahre später keine Angst mehr haben, hier im Wuppertaler Tanztheater. Oder besser gesagt: im *Pina Bausch Tanztheater Wuppertal*, denn so heißt das Haus seit 1973, seit SIE hier die Chefin ist, die „deutsche Königin des Tanztheaters". So schreibt die internationale Presse heute über Pina Bausch und ihre Kunst.

Was es ist, das Neue, das Besondere? Kann man es erklären? Versuchen wir es doch mal. Bei ihr sind nicht nur Tanz und Musik wichtig. Sie verbindet beides mit Sprechen, Singen, Akrobatik, Licht- und Videoeffekten. Ihre Theaterstücke sind nicht von Anfang an fertig in ihrem Kopf. Sie entstehen in vielen langen Proben zusammen mit den Tänzerinnen und Tänzern. Wichtige Themen sind Lust, Aggression und …

… nein, es geht nicht. Mit Worten kommt man hier nicht weiter. Worte sind auch nicht ihr Ding. Schon als Kind wollte Pina Bausch nicht gerne sprechen. Aber tanzen, das wollte sie. „Wenn ich mich bewegt habe, konnte ich fühlen", hat sie in einem Interview gesagt. Und das ist wohl auch die Antwort auf unsere Frage: Das Besondere in Pina Bauschs Tanztheater kann man nur fühlen. Also muss man es selbst hören, selbst erleben.

Seit dem 30. Juni 2009 geht das leider nur noch mithilfe von Film- oder Videoaufnahmen. An diesem Tag ist die deutsche Königin des Tanztheaters im Alter von 68 Jahren gestorben.

 Die Stadt Wuppertal hat 360.000 Einwohner und liegt im Westen Deutschlands, mitten im Bundesland Nordrhein-Westfalen. International bekannt ist sie vor allem durch das *Pina Bausch Tanztheater* und die *Wuppertaler Schwebebahn*.

---

1   **Sehen Sie die Bilder an. Was fühlen Sie? An was denken Sie?**

> Das sieht sehr modern aus. Das gefällt mir nicht so gut.

> Die Tänzerin sieht sehr schön aus. Ich möchte auch gern gut tanzen können.

2   **Lesen Sie die Texte.**

- Wären Sie gern mal in das Wuppertaler Tanztheater gegangen? Warum (nicht)?
- Hätten Sie Pina Bausch gern kennengelernt? Was hätten Sie sie gefragt?

Jan Minarik in *Der Fensterputzer*

Dominique Mercy in *Victor*

Pina Bausch in *Café Müller*

Pina Bausch

1940
wird Philippine Bausch
in Solingen geboren

1955–1962
Tanzausbildung an der
Folkwangschule in Essen
und an der *Juilliard
School of Music* in
New York

ab 1968
arbeitet sie als
Choreographin

1973
wird sie Leiterin des
*Wuppertaler Tanz-
theaters Pina Bausch*

ab 1974
erarbeitet sie eigene
Tanztheaterstücke
*[inzwischen sind es
über 40]*

1980
stirbt ihr Lebensgefährte
Rolf Borzik und sie
begegnet Ronald Kay

1981
wird Rolf Salomon
geboren, der Sohn
von Pina Bausch und
Ronald Kay

seit 1983
ist sie auch Leiterin des
Folkwang Tanzstudios

2009
Pina Bausch stirbt in
Wuppertal

3 **Können Sie tanzen? Erzählen Sie.**

■ Wann und wo tanzen Sie am liebsten?
■ Welchen Tanz / Welche Tänze mögen Sie besonders?
■ Kennen Sie typisch deutsche Tänze?

4 **„Tanzschule"**

Wer kann dem Kurs auf Deutsch einen Tanz erklären? Bringen Sie die passende Musik mit
und erklären Sie den anderen die Tanzschritte.

FOLGE 7: *TANTE ERIKA*

1 | **Sehen Sie die Fotos an. Was meinen Sie?**

a Mit wem telefoniert Maria?
b Wer ist die alte Dame?
c Warum besucht die Familie sie?

2 | **Was ist ein Altersheim/Seniorenheim? Kreuzen Sie an.**

☐ Das ist ein Krankenhaus. Dort sind nur Menschen mit Rollstuhl.
Sie können nicht laufen.

☐ Dort wohnen alte Menschen und jemand kümmert sich um sie:
Man kocht für sie das Essen und wäscht die Wäsche. Auch ein Arzt ist da, wenn sie krank sind.

CD 2 39-46 ▣ | **3** | **Sehen Sie die Fotos an und hören Sie.**

4 **Was ist richtig? Kreuzen Sie an.**

a Wer ist Tante Erika?
☐ Susannes Großtante.
☐ Marias Großtante.

b Warum ruft Tante Erika an?
☐ Weil sie ihren 80. Geburtstag feiert.
☐ Sie möchte, dass Susanne ihr Familienfotos bringt.

c Wie ist der Kontakt zwischen Tante Erika und Susanne?
☐ Susanne besucht Tante Erika an jedem Geburtstag.
☐ Sie haben sich zuletzt an Tante Erikas 75. Geburtstag gesehen.

d Was bringt die Familie Tante Erika mit?
☐ Eine Fotocollage, Blumen und einen Kuchen.
☐ Ein Fotoalbum, Blumen und einen Kuchen vom Bäcker.

e Was wünscht sich Tante Erika?
☐ Sie möchte bei der Familie wohnen.
☐ Sie möchte, dass die Familie sie bald wieder besucht.

5 **Wie haben Sie Ihren letzten Geburtstag gefeiert? Was haben Sie gemacht? Erzählen Sie.**

A1 CD 2 47 **Hören Sie noch einmal und variieren Sie.**

● Ihr könnt eine Collage machen.
  Ich habe meiner Oma mal so
  ein Bild geschenkt.
▲ Das ist ja eine super Idee.

Varianten:
(…) Vater ● (…) Eltern ●
(…) Enkelkind

Wer?	Dativ wem (Person)?		Akkusativ was (Sache)?
Ich habe	meinem	Vater	ein Bild geschenkt.
	meinem	Enkelkind	
	meiner	Oma	
	meinen	Eltern	

auch so: dein-, sein-, ihr-, …; ein-; kein-

A2 **Was schenken Ina und Jan ihrer Familie zu Weihnachten? Schreiben Sie.**

Einladung ins Restaurant	Oma	Pralinen
Gutschein für einen Zoobesuch	Opa	Flasche Wein
CD	Eltern	Kochbuch
Besuch beim Hunde-Friseur	Roxi	Knochen

Ina schenkt ihrer Oma eine Einladung ins Restaurant.
Jan schenkt ihr Pralinen.

Ina schenkt ihrer Oma eine Einladung.
Jan schenkt ihr   Pralinen.

Wiederholung

Wem?
mir
dir
ihm/ihm/ihr
uns
euch
ihnen/Ihnen

A3 **In Ihrer Familie: Wer schenkt wem was?**

Sehen Sie das Bild an und sprechen Sie mit Ihrer Partnerin / Ihrem Partner.

■ Ich schenke meiner Mutter eine Kette.
  Sie liebt Schmuck. Mein Bruder schenkt ihr
  sicher wieder ein Buch. Und du? Was schenkst
  du deiner Mutter?

◆ Ich weiß nicht. Mein Vater schenkt ihr
  wahrscheinlich ein Parfüm. Ich schenke ihr
  vielleicht eine Kaffeemaschine.
  Und meinem Bruder schenke ich …

A4 **Spiel: „Geschenke raten"**

Ordnen Sie jeder Person ein Geschenk zu und schreiben Sie einen Zettel.
Spielen Sie zu zweit und raten Sie. Wer als Erster alle Geschenke erraten hat, hat gewonnen.

Tante ● Opa ● Bruder ● Schwester ● Vater ● Mutter	der Reiseführer ● der DVD-Player ● die Schokolade ● die Handcreme ● die Geldbörse ● das Motorrad

meiner Tante eine Handcreme	meiner Mutter Schokolade
meinem Opa einen DVD-Player	meiner Schwester ein Motorrad
meinem Vater	meinem Bruder

● Schenkst du deiner Mutter eine Handcreme?
▲ Nein. Aber schenkst du ihr Schokolade?
● Ja.
▲ Kaufst du …

Was soll ich denn mit dem Bild? – Na was wohl?
Du gibst **es ihr**.

B 7

B1 **Hören Sie noch einmal und kreuzen Sie an.**

▲ Was soll ich denn mit dem Bild?
● Na was wohl? Du gibst es ihr.

<u>a</u> es = ☐ Tante Erika   ☐ das Bild
<u>b</u> ihr = ☐ Tante Erika   ☐ das Bild

			Akkusativ	Dativ
			was?	wem?
Du	gibst	es		ihr.

B2 **Ergänzen Sie. Hören Sie dann und vergleichen Sie.**

ihn dir ● ihn mir ● sie Ihnen ● es dir

▲ Ich nehme die Puppe.
● Soll ich ....
als Geschenk einpacken?

■ Probier doch den Fisch.
Ich kann ....
nur empfehlen.

◆ Ich brauche den
Mixer. Bringst du
.... bitte?

▼ Wie geht dieses blöde
Ding nur an?
Ich verstehe es nicht.
● Warte, ich zeige
.... Du musst
hier drücken.

B3 **Fragen Sie und antworten Sie.**

■ Kannst du mir bitte das
Geschenkpapier geben?
◆ Du, ich schreibe gerade die Karten.
Hol es dir bitte selbst.

 das Geschenkpapier ● die Schleife ● die Schere ● der Tesafilm ●

 die Schnur ● die Briefmarken ● der Briefumschlag

B4 **Schreiben Sie ein „Elfchen"-Gedicht und lesen Sie es dann vor.**
Welches Gedicht im Kurs gefällt Ihnen am besten?

die Rose
für meinen Freund
ich gebe sie ihm
er lacht

1. Zeile: Was? Nennen Sie das Geschenk. (2 Wörter)
2. Zeile: Für wen ist das Geschenk? Nennen Sie die Person. (3 Wörter)
3. Zeile: Was schenken/kaufen/geben Sie wem? (4 Wörter)
4. Zeile: Schreiben Sie 2 Wörter zum Abschluss.

das Buch
für meine Mutter
ich schenke es ihr
oh wunderbar

die Kette
für meine Frau
ich kaufe sie ihr
wie teuer

der Ball
...

C1   Sehen Sie die Gutscheine an. Was bekommt man? Ergänzen Sie.

A

buch**und mehr**

GESCHENKGUTSCHEIN

Gutschein-Nr.:   im Wert von ☐ Euro

Gültig bis: für ☐

von ☐

....

B

Ich koche für dich!
GUTSCHEIN
für ein Abendessen
zu zweit bei Kerzenlicht
Lass dich überraschen!

ein Abendessen

C

Atlantik-Palast Kinos

GUTSCHEIN

für .... Karten à .... Euro.
Gültig bis ....

Wir wünschen viel Spaß und gute Unterhaltung!

Atlantik-Palast Kinos

D

Einladung in den Zoo

Gutschein für ....

....

C2   Welche Gutscheine aus C1 passen? Ergänzen Sie.

a   Für Gutschein ......A...... und .... kann man nur bis zu einem bestimmten Datum etwas kaufen.

b   Dieser Gutschein ist selbst gemacht: ....

c   Für .... und .... gibt es keine Frist, die Gutscheine sind immer gültig.

d   .... ist ein persönliches Geschenk. Das kann man nicht mit Geld kaufen.

e   Bei .... und .... darf das Geschenk einen bestimmten Betrag kosten.

C3   Sprechen Sie im Kurs.

a   Welchen Gutschein aus C1 möchten Sie gern bekommen? Warum?

b   Haben Sie schon einmal einen Gutschein bekommen? Wenn ja, von wem und für was?

c   Oder haben Sie vielleicht schon einmal einen Gutschein verschenkt? Wem? Haben Sie den Gutschein selbst gemacht oder gekauft?

von | meinem Freund
      | meiner Freundin

d   Mögen Sie Gutscheine?

> Von meinem Freund habe ich mal einen Gutschein bekommen – für ein Wochenende in Paris! Das war richtig toll!

> Gutscheine sind kein Geschenk, finde ich. Ich kaufe lieber etwas.

C4   Machen Sie selbst einen originellen Gutschein für Ihre Partnerin / Ihren Partner.

D1 Zeigen Sie auf den Fotos:

die Braut ● den Brautstrauß ● das Brautpaar ● das Brautkleid ● den Bräutigam ● den Brautwalzer

D2 Lesen Sie die E-Mail und ordnen Sie die Abschnitte den Fotos zu.

Bet**r**eff: | Marions und Marcos Hochzeit

1 Liebe Dörte,

vielen Dank für Deine E-Mail! Ich antworte erst jetzt, weil ich die letzten zwei Tage nicht zu Hause war. Peter und ich waren doch auf Marions Hochzeit! Ich war vorgestern sogar auf dem Standesamt mit dabei.

2 Gestern war dann die kirchliche Trauung. Wunderschön und sehr feierlich! Stell Dir vor, beim Ringtausch sind mir tatsächlich die Tränen gekommen. Auch alle anderen Frauen haben fast geweint, nur eine nicht: Marion.

3 Danach, bei der Hochzeitsfeier, haben wir viel gelacht. Beim Brautwalzer ist Marco seiner Marion auf das lange weiße Kleid gestiegen. Ratsch! Der Riss war 20 Zentimeter lang.

4 Eine halbe Stunde später nehmen die beiden das Messer und schneiden die Hochzeitstorte an. Rate, was passiert? Die Torte fällt runter und beide sind total voll Sahne.

Naja, sonst war alles toll. Die Musik war richtig gut. Peter und ich haben bis heute Morgen um drei Uhr getanzt.

Ich hoffe, wir sehen uns bald mal wieder.
Liebe Grüße, auch an Franz!

Deine müde Daniela

Foto	Abschnitt 1	Abschnitt 2	Abschnitt 3	Abschnitt 4
	B			

D3 Lesen Sie noch einmal und kreuzen Sie an: richtig oder falsch?

		richtig	falsch
a	Die Braut hat in der Kirche geweint.	☐	☐
b	Beim Brautwalzer ist das Brautkleid kaputtgegangen.	☐	☐
c	Das Fest hat Daniela sehr gut gefallen.	☐	☐

D4 Erzählen Sie von der Hochzeit eines Verwandten oder eines Freundes oder von Ihrer eigenen Hochzeit.

a Wer hat geheiratet? Wann und wo war die Hochzeit?
b Was hat die Braut getragen? Und was der Bräutigam?
c Was hat es zu essen und zu trinken gegeben?
d Hat es Musik und Tanz gegeben?
e Was für Geschenke hat das Brautpaar bekommen?
f Was war besonders lustig oder komisch?

E1 **Auf welche Party möchten Sie gehen? Warum?**

> Ich möchte auf das Straßenfest gehen. Das sieht nett aus. Da treffe ich sicher Freunde und Nachbarn. Wir können uns unterhalten und haben viel Spaß.

CD 2 | 53

E2 **Silke und Wolfgang planen eine Party. Hören Sie.**

a Was meinen Sie: Auf welche Party (E1) möchte Wolfgang gehen, auf welche möchte Silke gehen?

b Hören Sie noch einmal. Wer sagt was? Ordnen Sie zu: S = Silke / W = Wolfgang

☐ Man kann die Gäste telefonisch einladen.
☐ Eine Party darf nicht zu groß sein.
☐ Ich möchte eine Tanzparty machen.
☐ Gute Musik ist wichtig für die Stimmung.
☐ Ich möchte viele Leute einladen.

☐ Besonders wichtig ist gutes Essen. Und ein guter Wein!
☐ Hauptsache, es gibt genug Getränke, nicht nur Alkohol. Wir brauchen auch Wasser und Saft.
☐ Der Raum muss schön dekoriert sein. Das gibt eine gute Atmosphäre.
☐ Wir können eine Kostümparty machen.

E3 **Eine Party planen**

a Arbeiten Sie in kleinen Gruppen: Organisieren Sie für nächsten Freitag eine Party mit einem Motto, z.B. eine Strandparty oder eine Dschungelparty.
Was ist Ihnen wichtig? Was nicht?

> Budget ● Gäste ● Uhrzeit ● Raum ● Dekoration ● Unterhaltung (Musik, Feuerwerk ...) ● Essen/Trinken

Ich finde es toll, wenn ...   *Ist das wirklich so wichtig?*
Mir ist wichtig, dass ...   *Muss das sein?*
Die Hauptsache ist, dass ...
Hauptsache, ...

b Stellen Sie Ihre Party vor und überzeugen Sie die anderen im Kurs: Sie sollen zu Ihrer Party kommen.

Unser Motto ist ...
Unsere Party findet ... statt.
Wir feiern in/im ... / zu Hause bei ...
Wir laden ... ein!

Ihr müsst ...
Unser Raum ist so dekoriert: ...
Zum Essen/Trinken gibt es ...
Und natürlich haben wir auch Musik: ...

Große Party!
Motto: Birne
Bitte verkleiden!
Am Freitag um 23 Uhr
Bei Susanne

Grammatik

1 Dativ als Objekt: Possessivartikel und unbestimmter Artikel

		Dativ		
maskulin	Ich habe	meinem	Vater	ein Bild geschenkt.
neutral		meinem	Enkelkind	
feminin		meiner	Oma	
Plural		meinen	Eltern	

auch so: dein-, sein-, ihr-, unser-, euer-
ein-
kein-

·······→ ÜG, 1.03, 2.04, 5.22

2 Syntax: Stellung der Objekte

	Dativ(pronomen)	Akkusativ
Du schenkst	ihr	*einen Kuchen.*
Du gibst	Tante Erika	*das Bild.*

	Akkusativpronomen	Dativpronomen
Du gibst	*es*	ihr.

·······→ ÜG, 5.22

3 Modale Präposition: *von* + Dativ

	maskulin	neutral	feminin	Plural
von	meinem Vater	meinem Enkelkind	meiner Mutter	meinen Eltern

·······→ ÜG, 6.04

Wichtige Wendungen

Wichtigkeit ausdrücken: Hauptsache, …

Ich finde es toll, wenn … •
Mir ist wichtig, dass … •
Die Hauptsache ist, dass … •
Hauptsache, … •

Ist das wirklich so wichtig? •
Muss das sein?

Geschenke

Von meinem Freund / meiner Freundin habe ich … bekommen.
Das war richtig toll. •
Meiner Mutter schenke ich eine Kette. Sie liebt Schmuck.

Empfehlung

Probier doch den Fisch. Ich kann ihn dir nur empfehlen.

Wer ist hier wer?

Sie sind auf einer Party. Sie kennen niemand. Warum feiert man hier? Auch das wissen Sie nicht. Aber keine Sorge, für Sie ist das kein Problem. Passen Sie einfach gut auf. Sehen Sie, was die Gäste machen. Hören Sie ihre Gespräche. Schon bald wissen Sie, wie die Leute heißen, was sie feiern und wer hier der Gastgeber ist. Wenn Sie genau zugehört haben, dann können Sie auch noch ein paar andere Fragen beantworten.

1 **Sehen Sie das Bild an. Was meinen Sie?**

  ■ Worüber unterhalten sich die Leute?
  ■ Was sind typische Party-Themen?

CD 2 54-61 🔲 **2** **Hören Sie die Gespräche und ordnen Sie die Namen zu.**

Chris	Hubert	Beate	Anna	Jenny
Lisa	Thomas	Olaf	Georg	Edgar
Friedrich	Rosemarie	Paula	Ellen	Günther
	Renate	Katharina	Sebastian	

2|54-61|⊡ **3**   **Hören Sie noch einmal und beantworten Sie die Fragen.**

a   Finden Jenny und Katharina das Essen lecker?   ☐ Ja   ☐ Nein

b   Findet Friedrich es schön, wenn Anna singt?   ☐ Ja   ☐ Nein

c   Wie gut kennen sich Sebastian und Günther?   ☐ gar nicht   ☐ sehr gut   ☐ nicht so gut

d   Wie findet Chris die Party?   ☐ super   ☐ langweilig   ☐ nett

e   Welchen Sport macht Edgar?   ☐ Fußball   ☐ Joggen   ☐ Tennis   ☐ Golf

f   Mit welcher Frau lebt Hubert zusammen? – Mit …   ☐ Paula   ☐ Beate   ☐ Anna   ☐ Jenny

g   Findet Renate Paula nett?   ☐ Nein, eher unsympathisch.   ☐ Ja, sehr.
        ☐ Nein, überhaupt nicht.

h   Wie heißen die beiden Gastgeber?   Sie heißen .... und ....

i   Welcher Gast geht zuerst?   Ich denke, ... geht zuerst.

Fragebogen: Was kann ich schon?

Hören

	Das kann ich sehr gut.	Das kann ich.	Das übe ich noch.
Ich kann Auskünfte am Telefon verstehen: *Da kann ich Ihnen unseren Schnupperkurs empfehlen. Der dauert zwei Tage. …*			
Ich kann einfache Nachrichtenmeldungen verstehen: *… nun zum Handball: Die deutschen Handballerinnen verlieren gegen …*			
Ich kann eine einfache Radiosendung verstehen: *Meine Damen und Herren, hier im Deutschfunk hören Sie jetzt unsere Sendung „Du & Ich"* …			
Ich kann ein längeres, privates Gespräch verstehen: *Ilse! Guten Morgen. – Guten Morgen, Heidrun! – Was ist? Hast du wieder Probleme mit dem Rücken?* …			
Ich kann komplexere Nachrichten auf dem Anrufbeantworter verstehen: *Du, ich habe heute im Internet nach Flügen für unseren Urlaub geschaut.* …			

Lesen

Ich kann kurze Zeitungstexte zu aktuellen Themen lesen: *Studie – Deutsche sind Freizeitweltmeister*			
Ich kann einfache Briefe und E-Mails lesen: *Liebe Dörte, vielen Dank für deine E-Mail. Ich antworte erst jetzt, weil* …			
Ich kann Mitteilungen verstehen: *Guten Morgen, Kathrin! Du, mein Fahrrad ist kaputt* …			
Ich kann Informationsbroschüren verstehen: *Sie sind oft erkältet? Stärken Sie Ihr Immunsystem.* …			
Ich kann einfache Texte in einer Zeitschrift verstehen: *Die ersten 100 Tage im Beruf. Was Sie beachten sollten.* …			
Ich kann Kursbeschreibungen lesen: *Workshop „Bewerbung". Wie formuliert man das Bewerbungsschreiben?* …			
Ich kann ein einfaches schriftliches Interview verstehen: *Frau Glaubitz, warum sind so viele Menschen unglücklich in ihrem Job? – Weil viele nicht in ihrem Wunschberuf arbeiten.* …			
Ich kann Anzeigen verstehen: *Wandern im Erzgebirge. Natur pur auf 197 Kilometern*			

Sprechen

Ich kann etwas begründen: *Ich bin nicht gekommen, weil* …			
Ich kann von Ereignissen in der Vergangenheit berichten: *Ich habe einmal meinen Schlüssel verloren. Das war in Berlin* …			
Ich kann mir einen Sitzplatz suchen: *Entschuldigung, ist hier noch frei?*			
Ich kann in einem Restaurant etwas bestellen / reklamieren / bezahlen: *Ich nehme die Kürbiscremesuppe. / Entschuldigung, ich habe einen Milchkaffee bestellt und keinen Espresso! / Zahlen, bitte!*			
Ich kann einfache Konversation bei privaten Einladungen machen: *Setzt euch doch. Was möchtet ihr trinken? / Kannst du mir vielleicht das Rezept geben?*			

	Das kann ich sehr gut.	Das kann ich.	Das übe ich noch.
Ich kann sagen, was ich gern esse und trinke: *Ich esse gern scharf.*			
Ich kann sagen, wie oft ich etwas mache: *Meistens trinke ich Tee zum Frühstück.*			
Ich kann in einer Firma anrufen und mich verbinden lassen oder eine Nachricht hinterlassen: *Guten Tag, hier ist … Könnten Sie mich bitte mit Frau Schmid verbinden? / Geben Sie mir doch bitte ihre Durchwahl.*			
Ich kann mich telefonisch nach Angeboten erkundigen: *Ich interessiere mich für … / Könnten Sir mir Informationsmaterial zusenden?*			
Ich kann etwas bewerten: *Das passt. / Das stimmt nicht.*			
Ich kann jemanden nach seinen Interessen und Wünschen fragen: *Interessieren Sie sich für …? / Haben Sie Lust auf …?*			
Ich kann über meine Familie/Freunde/Nachbarn sprechen: *Meine Freundin Linda wohnt in London. Sie lebt …*			
Ich kann über meine Schulzeit sprechen: *Mein Lieblingsfach war Mathematik. Im Unterricht mussten wir meistens …*			
Ich kann über meinen Berufsweg sprechen: *Als Jugendlicher wollte ich Pilot werden. Später habe ich dann eine Ausbildung als … gemacht.*			
Ich kann jemandem Ratschläge geben: *Sie sollten pünktlich kommen!*			
Ich kann meine Meinung sagen: *Ich denke, dass … / Es ist wichtig, dass … / Die Hauptsache ist, dass … / Gute Idee! / Ist das wirklich so wichtig?*			
Ich kann Gefühle ausdrücken: *Schade, dass … / Ich bin glücklich, weil …*			
Ich kann jemandem etwas empfehlen: *Probier doch mal die Torte, die ist wirklich lecker!*			

Schreiben

Ich kann kurze Notizen schreiben: *Lieber Herr Bauer, Frau Breiter hat angerufen. Bitte rufen Sie sie zurück.*			
Ich kann Mitteilungen schreiben und jemanden um etwas bitten: *Liebe/r … Könntest du bitte einkaufen gehen? Ich habe keine Zeit …*			
Ich kann schriftlich zu- oder absagen: *Liebe Michaela, vielen Dank für deine Einladung. Es tut mir sehr leid, …*			
Ich kann Formulare ausfüllen: *Familienname: … / Vorname: … / Staatsangehörigkeit: …*			
Ich kann eine Postkarte aus dem Urlaub schreiben: *Liebe …, endlich bin ich hier. …*			
Ich kann mich schriftlich entschuldigen: *Lieber …, es tut mir wirklich sehr leid. Du hast die ganze Zeit gewartet und ich …*			
Ich kann schriftlich von einem Fest berichten: *Lieber …, stell dir vor: Am Wochenende war ich auf der Hochzeit von Bernhard und Bianca. …*			

Inhalt Arbeitsbuch

A1 | **1** | **Was passt? Ordnen Sie zu.**

a Sibylle fährt zum Flughafen.
b Sie wartet lange am Flughafen.
c Sie ist glücklich.
d Hisayuki möchte zwei Monate in Deutschland bleiben.

Das Flugzeug hat Verspätung.
Sie trifft Hisayuki endlich wieder.
Er macht einen Deutschkurs.
Ihr Freund Hisayuki kommt heute aus Japan.

A1 | **2** | **Warum fährt Sibylle zum Flughafen? Ergänzen Sie mit den Sätzen aus Übung 1.**

a Sibylle fährt zum Flughafen, weil *ihr Freund Hisayuki heute aus Japan kommt* .

b Sie wartet lange am Flughafen, weil ....

c Sie ist glücklich, weil ....

d Hisayuki möchte zwei Monate in Deutschland bleiben, weil ....
....

A2
Grammatik
entdecken | **3** | **Markieren Sie und ergänzen Sie.**

Ihr Mann (ist) Deutscher.

a Marie lernt Deutsch, weil ihr Mann Deutscher (............*ist*............).

Sie (arbeitet) bei einer deutschen Firma in Madrid.

b Maite lernt Deutsch, weil sie bei einer deutschen Firma in Madrid ....

Ihm gefällt die Sprache.

c Steven lernt Deutsch, weil ihm die Sprache ....

Er arbeitet bei Lufthansa.

d Karim lernt Deutsch, weil er bei Lufthansa ....

A3 | **4** | **Schreiben Sie Sätze.**

a Warum lernst du Deutsch?   *Weil ich Freunde in Deutschland habe* .
(Freunde – habe – in Deutschland – ich)

b Warum hast du mich nicht angerufen?   *Weil* ....
(keine Zeit – gestern – hatte – ich)

c Warum gehst du nicht mit ins Kino?   *Weil* ....
(den Film – ich – kenne – schon)

d Warum geht Alfredo heute nicht in die Schule?   *Weil* ....
(krank – er – ist)

e Warum geht ihr zum Bahnhof?   *Weil* ....
(unsere Freundin – abholen – wir)

Phonetik
03 02

5 **Hören Sie. Achten Sie auf die Betonung⁄ und die Satzmelodie ↗ ↘ →.**

● Warum bist du nach Deutschland gekommen? ↘

▲ Weil ich Freunde in Deutschland habe. ↘ Und weil ich Deutschland interessant finde. ↘

● Und warum bist du Au-pair-Mädchen? ↗

▲ Weil ich gerne mit Kindern spiele → und weil ich auch gerne koche. ↘

03 03

Hören Sie noch einmal und sprechen Sie nach.

Phonetik
03 04-07

6 **Hören Sie und markieren Sie die Betonung⁄ und die Satzmelodie ↗ ↘ →.**

a ■ Ich muss unbedingt noch Blumen kaufen. ↘   **c** ● Franziska kommt heute nicht zum Unterricht.

▲ Warum?   ▼ Warum denn nicht?

■ Weil meine Mutter Geburtstag hat.   ● Weil ihre Tochter krank ist.

b ◆ Gehen wir morgen wirklich joggen?   **d** ■ Ich gehe nicht mit ins Kino.

▲ Warum nicht?   ● Weil dir der Film nicht gefällt   oder warum nicht?

◆ Na ja,   weil doch dein Bein wehtut.   ■ Ganz einfach,   weil ich kein Geld mehr habe.

7 **Warum stehst du nicht auf? Antworten Sie.**

Ich habe Kopfschmerzen. ● Ich bin noch so müde. ● Ich habe zu wenig geschlafen. ●
Ich möchte im Bett bleiben. ● Ich will meine Kleider nicht aufräumen. ● Das Wetter ist so schlecht.

Und was machen
wir heute?
Warum stehst
du nicht auf?

Weil ich Kopfschmerzen habe.
Weil …

8 **Ergänzen Sie und schreiben Sie.**

sauer ● glücklich ● müde ● traurig

Heute holen
wir Pietro ab.

Sandra ist
nicht
gekommen.

a Sie sind ...*glücklich*..........., weil *sie heute*........
...*Pietro abholen*.......................... .

c Er ist ...., weil ....
....

Ich habe
zu wenig
geschlafen.

Ich sehe Carla
zwei Monate
nicht.

b Sie ist ...., weil ....
....

d Er ist ...., weil ....
....

A3

9 Schreiben Sie Sätze.

a Sie hat keine Zeit, *weil sie Deutsch lernen muss* .
muss – sie – lernen – Deutsch

b Sie sind nicht zu Hause, .
sie – gestern – gefahren – in Urlaub – sind

c Er holt sie ab, .
heute – ins Restaurant – sie – möchten – gehen

d Sie ist so fröhlich, .
ihre Freundin – ist – gekommen – heute

A3

10 Lesen Sie und antworten Sie.

Liebe Eva, lieber Paul,
am Samstag, 15. April, werde ich
30 Jahre alt! Ich finde, das ist ein
schöner Grund zum Feiern!
Deshalb möchte ich Euch gern zum
Abendessen einladen: um 20 Uhr in
meiner Wohnung. Kommt Ihr?
Viele Grüße
Michaela

meine Eltern – besuchen mich –
am Wochenende ● und für Samstag –
schon Kinokarten ●
Paul – leider auch
keine Zeit ● in Berlin ● kommt
Sonntag zurück

Liebe Michaela,

vielen Dank für Deine Einladung! Es tut mir sehr leid, ich kann
nicht kommen, weil *meine Eltern mich*

Ich rufe Dich am Samstag an!

Viele Grüße
Eva

A4

11 Notieren Sie im Lerntagebuch.

LERNTAGEBUCH

Warum lernen sie Deutsch?

Ich lerne Deutsch. Ich lebe *in Deutschland.*

Ich lerne Deutsch, **weil** *ich in Deutschland* lebe *.*

Ich lerne Deutsch. Ich möchte *nach Deutschland* fahren *.*

Ich lerne Deutsch, **weil** ....

Ich lerne Deutsch. Ich habe *eine Deutsche* geheiratet *.*

..................................., **weil** ....

Ich lerne Deutsch. …

12 **Machen Sie zwei Tabellen.**

ändern ● werden ● baden ● bitten ● bringen ● danken ● dauern ● enden ● feiern ● fliegen ●
heiraten ● liegen ● putzen ● rauchen ● riechen ● schauen ● sitzen ● stehen ● wissen ● zahlen

ge ... t	er/es/sie	er/es/sie
ändern	*ändert*	*hat geändert*

ge ... en	er/es/sie	er/es/sie
werden	*wird*	*ist geworden*

13 **Was ist richtig? Kreuzen Sie an.**

	hat	ist			hat	ist	
Er	☒	☐	gespielt.	Sie	☐	☐	gekommen.
Sie	☐	☒	gegangen.	Er	☐	☐	gereist.
Er	☐	☐	gelernt.	Sie	☐	☐	gearbeitet.
Sie	☐	☐	getanzt.	Er	☐	☐	gekocht.
Sie	☐	☐	gesucht.	Sie	☐	☐	gegessen.

14 **Ergänzen Sie.**

ist ... angekommen ● habe ... abgeholt ● ist ... eingeschlafen ● ist ... abgeflogen ● ~~ist ... aufgestanden~~

Meine Tochter Sylvia ....*ist*.......... heute früh um 5 Uhr .....*aufgestanden*.................. .
Um 7.45 .... sie in New York .... Nach sechs Stunden Flug
.... sie in Frankfurt .... Ich .... sie am Flughafen
.... Im Auto .... sie sofort ....

15 **Ergänzen Sie in der richtigen Form.**

a Sie ist heute früh aus Polen ....*angekommen*.......................... . (ankommen)
b Wir haben sie vom Flughafen .... (abholen)
c Sie hat sofort ihre Familie in Polen .... (anrufen)
d Wir sind nach Hause .... (fahren)
e Dort hat sie ihre Koffer .... (auspacken) und ihre Kleider
.... (aufhängen)
f Sie ist früh ins Bett .... (gehen) und sofort .... (einschlafen)
g Am nächsten Tag ist sie früh .... (aufstehen)

16 **Ergänzen Sie in der richtigen Form.**

a aufstehen: Heute .... wir schon um halb sechs ....
b zurückfahren: Am Montagmorgen .... ich mit dem Zug nach Berlin ....
c mitkommen: Peter .... zum Flughafen ....
d abfahren: Er .... um acht Uhr ....
e anrufen: Ich .... Sylvia schon ....
f abholen: Wir .... Sylvia am Bahnhof ....
g einkaufen: Ich .... noch nichts ....
h auspacken: Er .... seinen Koffer schon ....
i aufhängen: Claudia .... die Jacke ....

B3

17 **Wie heißt das Gegenteil? Ordnen Sie zu.**

<u>a</u> Sie ist abgefahren.   Sie ist ins Bett gegangen.

<u>b</u> Sie ist aufgestanden.   Sie hat die Tür zugemacht.

<u>c</u> Sie hat die Tür aufgemacht.   Sie ist eingestiegen.

<u>d</u> Sie ist ausgestiegen.   Sie ist angekommen.

<u>e</u> Sie hat ausgepackt.   Sie hat eingepackt.

B4

18 **Was hat Ivana am Montag gemacht? Ergänzen Sie in der richtigen Form.**

ankommen ● gehen ● zurückfahren ● aufstehen ● steigen ● trinken ● essen ● fahren ● anfangen

Ivana ist um 7 Uhr ...*aufgestanden*........ (a). Dann hat sie ein Käsebrot .... (b) und
Tee .... (c). Danach ist sie zur Bushaltestelle .... (d). Um 8.10
Uhr ist sie in den Bus .... (e) und ins Büro .... (f). Um 8.30 Uhr
ist sie im Büro .... (g) und hat gleich mit der Arbeit .... (h).
Um 17.30 Uhr ist sie mit dem Bus nach Hause .... (i).

B4

19 **Ergänzen Sie in der richtigen Form.**

einschlafen ● kochen ● trinken ● anrufen ● gehen ● ankommen ● zurückfahren ● aufstehen ●
arbeiten ● einkaufen

Am letzten Montag ist Pietro erst um neun Uhr .... (a). Er hat nur eine Tasse
Tee .... (b). Natürlich ist er zu spät im Büro .... (c).
Bis 18.30 Uhr hat er ohne Mittagspause .... (d). Dann ist er mit dem Bus nach
Hause (e) .... und hat im Supermarkt .... (f). Danach hat
er erst einmal .... (g) und später hat er seine Freundin ....
(h). Um 24 Uhr ist er schließlich ins Bett .... (i), aber er ist lange nicht
.... (j).

B4

20 **Meine Reise nach Palma. Schreiben Sie eine Postkarte.**

zuerst viel zu spät aufstehen ➔ dann schnell mit Taxi zum Flughafen fahren ➔ in Palma
Koffer nicht ankommen ➔ mein Freund Diego nicht am Flughafen sein ➔ später ihn anrufen ➔
er mich schließlich abholen ➔ am Abend dann ganz toll essen gehen

Liebe Susanne,

endlich bin ich hier! Palma ist super! Aber die Reise
war schrecklich!
Ich bin viel zu spät zum Flughafen gekommen:
Zuerst ...

...

So hatte ich dann doch noch einen wunderbaren
ersten Abend in Spanien!
Bis bald!

Herzliche Grüße
Monika

Frau

Susanne Breiter

Dominikanerstr. ,8

40545 Düsseldorf

reibtraining **21** **Lesen Sie und antworten Sie.**

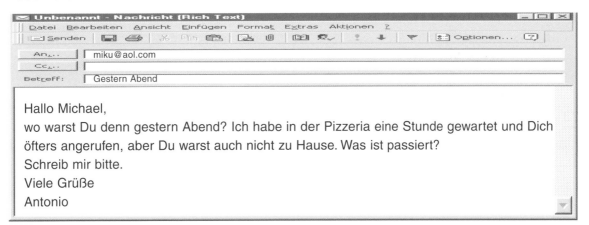

An... | miku@aol.com
Cc...
Betreff: | Gestern Abend

Hallo Michael,

wo warst Du denn gestern Abend? Ich habe in der Pizzeria eine Stunde gewartet und Dich öfters angerufen, aber Du warst auch nicht zu Hause. Was ist passiert?
Schreib mir bitte.
Viele Grüße
Antonio

in eine Bar gehen ● dich anrufen ● bis drei Uhr tanzen ● sofort einschlafen ● Freundin treffen ● noch in eine Disko fahren ● aussteigen ● etwas trinken

An... | a.banderas@freenet.de
Cc...
Betreff: | Re: Gestern Abend

Lieber Antonio,

es tut mir wirklich sehr leid. Du hast die ganze Zeit auf mich gewartet und ich bin nicht gekommen. Aber weißt Du, warum? Zuerst habe ich im Bus *eine Freundin*.........
.... Ich habe sie lange nicht gesehen.

Am Marktplatz ....
und ich ....
Aber Du warst nicht zu Hause. Dann ....
....
und ....
Danach ....
.... Dort ....
....
Schließlich war ich um halb vier zu Hause und ....
....
Heute bin ich sehr müde, aber auch sehr glücklich!
Sei also bitte nicht sauer!

Bis bald!
Viele Grüße
Michael

C2   **22**   **Was passt? Ordnen Sie zu.**

<u>**a**</u>   Maria hat fast das Flugzeug   verloren.

<u>**b**</u>   Was ist denn   bekommen.

<u>**c**</u>   Der Bus hat ein Rad   passiert?

<u>**d**</u>   Maria hat auf der Reise keinen Kaffee   verpasst.

C2   **23**   **Ergänzen Sie die Tabelle im Lerntagebuch.**

Ordnen Sie die richtigen Formen in Gruppen.
Kennen Sie die richtige Form nicht? Schlagen Sie im Wörterbuch nach.

~~bestellen~~ ● ~~erklären~~ ● ~~diskutieren~~ ● verlieren ● passieren ● ~~bekommen~~ ● verdienen ● ~~erfahren~~ ● erzählen ● vermieten ● besichtigen ● verkaufen ● vereinbaren ● studieren ● besuchen ● verstehen ● versuchen ● telefonieren ● bezahlen ● beginnen ● vergessen ● reparieren ● vergleichen ● verpassen ● erleben ● funktionieren ● gratulieren ● informieren ● reservieren ● bedeuten ● behalten ● verschicken

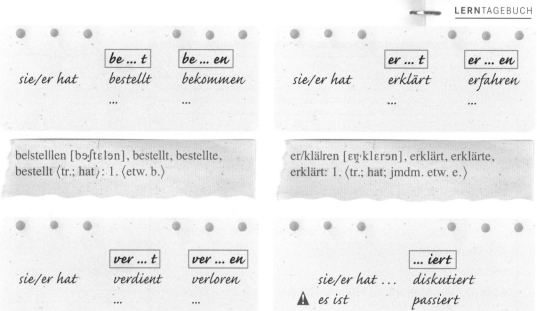

LERNTAGEBUCH

	be ... t	be ... en
sie/er hat	bestellt	bekommen
	...	...

belstelllen [bəʃtɛlən], bestellt, bestellte, bestellt ⟨tr.; hat⟩: 1. ⟨etw. b.⟩

	er ... t	er ... en
sie/er hat	erklärt	erfahren
	...	...

er/klälren [ɛɐ̯klɛːrən], erklärt, erklärte, erklärt: 1. ⟨tr.; hat; jmdm. etw. e.⟩

	ver ... t	ver ... en
sie/er hat	verdient	verloren
	...	...

	... iert
sie/er hat ...	diskutiert
⚠ es ist	passiert

C3 **CD3** Phonetik 08 | ☐   **24**   **Hören Sie und sprechen Sie nach.**

bekommen	Hast du meine SMS bekommen?
bezahlen	Ich habe schon bezahlt.
besuchen	Wann hat Mirko dich denn besucht?
verpassen	Ich habe fast den Bus verpasst.
verlieren	Ich habe zehn Euro verloren.
verstehen	Das habe ich nicht verstanden.
vergessen	Hast du unseren Termin vergessen?
erklären	Du hast mir das sehr gut erklärt.
erleben	So etwas habe ich noch nie erlebt.
erzählen	Das hast du mir schon oft erzählt.

25   **Ergänzen Sie in der richtigen Form.**

a   ▲ Das habe ich dir doch schon einmal ....*erklärt*.................... ! (erklären)

   ● Aber ich habe es immer noch nicht .... (verstehen)

b   ■ Wann hat der Film denn .... ? (beginnen)

   ◆ Vor fünf Minuten.

c   ■ Was haben Sie eigentlich am Sonntag gemacht?

   ● Ich habe meine Freundin in Dresden .... (besuchen)

d   ▲ Gehen wir?

   ● Aber wir müssen noch bezahlen.

   ▲ Nein, nein, ich habe schon alles .... (bezahlen)

   ● Vielen Dank, das ist sehr nett von dir.

e   ■ Kann ich noch eine Cola haben, Papa?

   ◆ Nein, jetzt ist es genug!

   ■ Warum denn nicht?

   ◆ Cola ist nicht gesund. Aber das haben wir schon so oft .... ! (diskutieren)

f   ■ Wie peinlich! Ich habe mein Geld .... (vergessen) Das ist mir noch nie passiert!

   ▼ Kein Problem, ich kann dir etwas leihen.

g   ▲ Habt ihr schon etwas .... ? (bestellen)

   ● Nein, wir haben noch auf dich gewartet.

26   **Kombinieren Sie und suchen Sie noch elf Wörter.**

ver ● deutet ● be ● passt ● ver ● sichtigt ● kauft ● be ● sucht ● ver ● gonnen ● zahlt ● be ●
standen ● er ● ver ● klärt ● schickt ● er ● ver ● zählt ● ver ● be ● loren

1 verpasst
2 ...

27   **So ein Pech! Wählen Sie eine Situation und schreiben Sie.**

a   Situation 1

zu spät aufstehen ● schnell den Koffer packen ● kein Taxi
bekommen ● zum Bahnhof laufen ● den Zug verpassen
Susanne ist zu spät..

....

....

....

b   Situation 2

Albert Schlüter war in Urlaub.......................................

....

....

....

....

....

D1 **28** **Schreiben Sie den Satz anders.**

a Ist das Opas Hose? _Ist das die Hose von Opa_ ?

b .... ? Ist das der Onkel von Peter?

c Ist das Frau Tahys Mann? .... ?

d .... ? Ist das das Haus von Tante Käthe?

e Ist das Ottos Freundin? .... ?

f .... ? Ist das die Tochter von Angela?

D2 **29** **Rätsel: Wer ist das? Ergänzen Sie.**

Schwiegervater ● Tante ● Schwiegermutter ● Neffe ● Schwager ● Onkel ● Cousine ● Nichte ●
Cousin ● Schwiegereltern ● Schwägerin

a Die Eltern von meinem Mann sind meine _Schwiegereltern_ , das heißt mein ....
und meine ....

b Die Schwester von meiner Mutter oder meinem Vater ist meine ....

c Der Bruder von meiner Mutter oder meinem Vater ist mein ....

d Die Tochter von meiner Tante und meinem Onkel ist meine ....

e Der Sohn von meiner Tante und meinem Onkel ist mein ....

f Die Tochter von meiner Schwester oder meinem Bruder ist meine ....

g Der Sohn von meiner Schwester oder meinem Bruder ist mein ....

h Die Ehefrau von meinem Bruder ist meine ....

i Der Ehemann von meiner Schwester ist mein ....

D2 **30** **Ordnen Sie die Personen aus Übung 29 zu.**

der ...	die ...
Schwiegervater	_Schwiegermutter_
...	...

D2 **31** **Familie: Suchen Sie noch zehn Wörter.**

S	C	H	W	E	S	T	E	R	A
C	O	U	S	I	N	A	D	B	M
H	M	H	C	H	O	N	K	E	L
W	A	L	E	O	P	T	E	L	W
A	R	T	S	Z	A	E	U	T	I
G	A	S	C	B	R	U	D	E	R
E	N	K	E	L	K	I	N	D	N
R	B	F	L	N	M	E	L	N	U
N	E	F	F	E	V	A	T	E	R
R	A	M	D	N	I	C	H	T	E

1 Schwester
2 Oma
3 ...

D3 **32** **Wer sind Ihre fünf Lieblingsverwandten? Warum? Schreiben Sie.**

1. _Meine/Mein_ .... : _Weil sie/er ..._

2. .... : ...

3. .... : ...

4. .... : ...

5. .... : ...

viel lachen ●
fröhlich sein ●
gut kochen ● ...

33 **Ergänzen Sie.**

die Kleinfamilie ● die Großfamilie ● der Single ● der allein erziehende Vater

a Vater, Mutter, Kinder, Großeltern oder auch ein Onkel oder eine Tante leben in einem Haus:
die Großfamilie

b Ein Mann lebt mit seinem Kind / seinen Kindern in einer Wohnung: …

c Vater, Mutter und ein oder zwei Kinder leben zusammen: …

d Eine Frau oder ein Mann lebt allein: …

34 **Chaos oder Harmonie?**

a **Was ist eine Wohngemeinschaft (WG)? Was meinen Sie? Kreuzen Sie an.**

☐ Das ist eine Großfamilie; alle wohnen zusammen in einem Haus / einer Wohnung.

☐ Das ist eine Gruppe von Leuten. Sie sind nicht verwandt. Sie wohnen zusammen in einem Haus / einer Wohnung, weil das billig ist oder weil sie nicht allein wohnen wollen.

b **Lesen Sie den Text und vergleichen Sie mit Ihrer Antwort aus a.**

Chaos oder Harmonie
oder: Hey, das ist mein Joghurt …!

Angelika, Linda und Rosa wohnen seit zwei Jahren in einer Wohnung. Jede hat ihr Zimmer, aber die Küche, das Bad und die Toilette benutzen sie zusammen. Wir haben gefragt: Wie findet ihr das Leben in der „Wohngemeinschaft"?

Angelika

„Ich lebe gern mit Rosa und Linda zusammen. Ganz allein in einer Wohnung? Nie! Wir frühstücken zu-sammen oder kochen auch mal am Abend etwas für uns drei. Dann erzählen wir, was an dem Tag passiert ist. Wir sprechen über Probleme oder wir haben einfach nur Spaß zusammen. Es ist immer jemand da. Ich finde eine WG toll, weil mir meine Familie manchmal fehlt.

Linda

Rosa und Linda sind oft wie Schwestern für mich."

„Ich lebe auch sehr gern mit mei-nen Freundinnen zusammen. Aber manchmal gibt es auch Probleme und Diskussio-nen: Wer kauft heute ein? Wer putzt? Wer darf am Morgen zuerst ins Bad? Wer darf wel-che Sachen nehmen? Gestern habe ich zum Beispiel meinen Lieblingsjoghurt ge-kauft und heute ist er weg. Angelika oder Rosa oder Freunde haben ihn gegessen. Am besten schreibt man alles auf einen Zettel: „Der Joghurt ist von Linda. Bitte nicht es-sen!" oder: „Angelika, bitte heute die Küche putzen!" Und dann das Telefon! Nonstop! – Weil immer jemand für Rosa anruft. Da möchte ich manch-mal doch lieber wieder alleine leben. Da hat man diese Prob-leme nicht!"

c **Lesen Sie noch einmal. Wer sagt das? Kreuzen Sie an.**

	Angelika	Linda
1 Wir diskutieren auch: Wer muss was machen?	☐	☐
2 Wir machen viel zusammen. Das gefällt mir!	☐	☐
3 Meine Freundinnen sind für mich wie eine Familie.	☐	☐
4 In einer WG wohnen ist nicht immer einfach, denn es gibt auch Probleme.	☐	☐

Familie und Verwandte

Ehepaar das, -e ....
Enkelkind das, -er ....
Onkel der, – ....
Tante die, -n ....
Neffe der, -n ....
Nichte die, -n ....
Cousin der, -s ....

Cousine die, -n ....
Schwager der, ¨ ....
Schwägerin die, -nen ....
Schwiegereltern (Pl) ....
Schwiegervater der, ¨ ....
Schwiegermutter die, ¨ ....
Verwandte der/die, -n ....

Lebensformen

Großfamilie die, -n ....
Kleinfamilie die, -n ....
Single der, -s ....

zusammen·leben,
hat zusammen-
gelebt ....

allein erziehend ....
getrennt (leben) ....
schwanger ....

Im Haus

Dachwohnung
die, -en ....

der erste/zweite/
dritte ... Stock ....

Nachbar der, -n ....
Nachbarin die, -nen ....

Gefühle (ausdrücken)

fröhlich ....
sauer ....
traurig ....

So ein Pech! ....
So ein Zufall! ....
Wie peinlich! ....

Weitere wichtige Wörter

Au-Pair-Mädchen
   das, –   ....

Rad das, ¨er   ....

Acht geben,
   hat Acht gegeben   ....

aus·packen,
   hat ausgepackt   ....

diskutieren,
   hat diskutiert   ....

ein·schlafen,
   du schläfst ein,
   er schläft ein,
   ist eingeschlafen   ....

ein·ziehen,
   ist eingezogen   ....

erleben, hat erlebt   ....

erziehen,
   hat erzogen   ....

verpassen,
   hat verpasst   ....

zurück·fahren,
   du fährst zurück,
   er fährt zurück,
   ist zurückgefahren   ....

(un)bequem   ....

einzig-   ....

auf einmal   ....

erst einmal   ....

schon einmal   ....

endlich   ....

noch nie   ....

öfter(s)   ....

schließlich   ....

wenigstens   ....

bei   ....

weil   ....

Welche Wörter möchten Sie noch lernen?

Die Müllcontainer **stehen im Hof.**

A2

1 **Was passt? Kreuzen Sie an.**

		steht	liegt	hängt	steckt	
a	Das Papier	☐	☒	☐	☐	auf dem Tisch.
b	Die Flasche	☒	☒	☐	☒	im Papierkorb.
c	Das Bild	☐	☐	☐	☐	an der Wand.
d	Der Müllcontainer	☐	☐	☐	☐	vor dem Haus.
e	Das Buch	☐	☐	☐	☐	im Regal.
f	Die Hose	☐	☐	☐	☐	im Kleiderschrank.
g	Der Hund	☐	☐	☐	☐	auf dem Sofa.
h	Die Lampe	☐	☐	☐	☐	an der Wand.
i	Das Handy	☐	☐	☐	☐	in der Jacke.
j	Kurt	☐	☐	☐	☐	neben der Tür.

A2

2 **Ergänzen Sie in der richtigen Form: *stehen – liegen – hängen – stecken*.**

a ▲ Wo ist denn mein Buch?

● Das .*steht*............. im Regal oder es .... neben deinem Bett.

b ▼ Wo ist denn nur mein Handy?

◆ .... es wieder in deiner Jacke? Oder .... es auf dem Tisch?

c So, jetzt .... das Bild an der Wand!

d Bei uns .... die Müllcontainer vor dem Haus.

e Am Sonntag .... unsere Katze immer bei uns im Bett.

f Schau mal nach oben. Da .... unsere neue Lampe.

g Unser Hund .... den ganzen Tag unter dem Sofa und schläft.

Wiederholung
*Schritte int. 2
Lektion 11*

3 **Wo ist der Ball? Ergänzen Sie.**

auf ● vor ● unter ● in ● hinter ● neben ● über ● an ● zwischen

.*an*.......... ....

A3

4 **Ergänzen Sie: *der – das – die*.**

.*die*...... Katze .... Tisch .... Stuhl .... Jacke .... Bett

.... Wand .... Sofa .... Regal .... Schrank .... Buch

A3

5 **Was ist richtig? Kreuzen Sie an.**

a	Das Handy steckt	☐ in die	☒ in der	Jacke.
b	Die Zeitung liegt	☐ vor das	☐ vor dem	Sofa.
c	Unsere Katze liegt	☐ zwischen den	☐ zwischen die	Stühlen.
d	Das Bild hängt	☐ an die	☐ an der	Wand.
e	Die Schokolade liegt	☐ auf den	☐ auf dem	Schrank.
f	Der Hund steht	☐ neben die	☐ neben der	Katze.
g	Das Hemd liegt	☐ unter dem	☐ unter das	Bett.
h	Das Buch steht	☐ im	☐ ins	Regal.
i	Die Lampe hängt	☐ über dem	☐ über den	Tisch.
j	Der Fußball liegt	☐ hinter das	☐ hinter dem	Sofa.
k	Das Radio steht	☐ vor den	☐ vor die	Büchern.

6 **Wo ist ...? Machen Sie eine Tabelle und ordnen Sie die Sätze aus Übung 5.**

Grammatik
entdecken

	maskulin/neutral der/das	feminin die	Plural die
a Das Handy steckt		*in der Jacke.*	
b Die Zeitung liegt	*vor dem Sofa.*		
c Unsere Katze liegt			*zwischen den Stühlen.*
d ...			

7 **Janas Zimmer**

a Was ist das? Ergänzen Sie.

1 *das Bett*........................   6 ....   11 ....   16 ....
2 ....   7 ....   12 ....   17 ....
3 ....   8 ....   13 ....   18 ....
4 ....   9 ....   14 ....   19 ....
5 ....   10 ....   15 ....   20 ....

b **Wie hat Jana ihr Zimmer eingerichtet? Schreiben Sie.**

Der Schreibtisch steht neben dem Bett. Vor dem Schreibtisch ...

8 **Wie sieht Ihr Zimmer / Ihre Wohnung aus? Zeichnen Sie und sprechen oder schreiben Sie.**

Wir wohnen in einer Wohnung.
Sie hat vier Zimmer.
Im Wohnzimmer steht ein Sofa.
Vor dem Sofa steht ein Tisch ...

B2 | **9** | **Ergänzen Sie.**

Wohin?  Wo?

a Sie stellt die Fotos auf den Tisch. Die Fotos stehen *auf dem Tisch* .

b Sie legt die Hose auf das Bett. Die Hose liegt ....

c Sie hängt das Bild an die Wand. Das Bild hängt ....

B2 | **10** | **Was ist richtig? Kreuzen Sie an.**

	Wohin? Ich lege das Buch …	Wo? Das Buch liegt …	
a	☒	☐	auf den Tisch.
	☐	☐	auf dem Tisch.
b	☐	☐	auf dem Schreibtisch.
	☐	☐	auf den Schreibtisch.
c	☐	☐	neben dem Bett.
	☐	☐	neben das Bett.
d	☐	☐	in den Schrank.
	☐	☐	im Schrank.
e	☐	☐	unter dem Stuhl.
	☐	☐	unter den Stuhl.

B2 | **11** | **Wohin hat Jana die Dinge gestellt, gelegt, gehängt? Ergänzen Sie.**

~~neben das~~ ● an die ● unter den ● an die ● ins ● an die ● auf den ● in den ● auf den ● neben das

a Sie hat den Schreibtisch *neben das* .... Bett gestellt.
b Sie hat das Bett .... Wand gestellt.
c Sie hat das Regal .... Fenster gestellt.
d Sie hat die Kleider .... Kleiderschrank gehängt.
e Sie hat die Lampe .... Decke gehängt.
f Sie hat die Bücher .... Regal gestellt.
g Sie hat die Lampe .... Schreibtisch gestellt.
h Sie hat das Bild .... Wand gehängt.
i Sie hat den Teppich .... Tisch gelegt.
j Sie hat die Blumen .... Tisch gestellt.

12 **Ergänzen Sie die Tabelle.**

	Der Stuhl **steht** ...	Ich **stelle** den Stuhl ...
das Zimmer	*in dem* ➔ **im** *Zimmer.*	*in das* ➔ **ins** *Zimmer.*
der Schreibtisch	*an dem* ➔ **am** *Schreibtisch.*	**an den** *Schreibtisch.*
der Schrank	*neben ...*	*...*
die Wand	*an ...*	*...*
das Fenster	*unter ...*	*...*

13 **Wohin stellen, legen, hängen wir ...? Schreiben Sie.**

> Das Regal stellen wir neben das Fenster und die Lampe hängen wir an die Decke.

a das Regal ➔ das Fenster ● die Lampe ➔ die Decke
b die Schreibtischlampe ➔ das Regal ● das Bild ➔ die Wand
c die Kleider ➔ den Kleiderschrank ● den Tisch ➔ die Mitte
d den Fernseher ➔ das Regal ● die CDs ➔ den Tisch
e die Stühle ➔ den Tisch ● das Bett ➔ die Tür

14 **Ergänzen Sie in der richtigen Form.**

stellen ● stecken ● liegen ● hängen ● stecken ● legen ● hängen ● stehen

a ● Wohin hast du das Geld *gelegt* .... ? ▼ Oh, das *liegt* .... auf dem Tisch.
b ● Wohin hast du das Buch ....? ▼ Das .... im Regal.
c ● Wohin hast du die Tasche ....? ▼ Die .... am Stuhl.
d ● Wohin hast du das Handy ....? ▼ Das .... in der Tasche.

15 **Wo ist mein Handy? Ergänzen Sie.**

▲ Wo ist denn bloß mein Handy?

a ● Hast du es *auf den* .... Schreibtisch
gelegt? (auf)
▲ Nein, *auf dem* .... Schreibtisch ist es nicht.

b ● Hast du es .... Regal
gelegt? (in)
▲ Nein, ... Regal ist es auch nicht.

c ● Ist es vielleicht .... Bett?
(unter)
▲ .... Bett ist es auch nicht.

d ● Hast du es ....
Kleider gelegt? (zwischen)
▲ Nein, ... Kleider......
ist es auch nicht!

e ● Und .... Sofa? (neben)
▲ Nein, ... Sofa liegt es
auch nicht!

f ● Hast du es vielleicht .... Tasche
gesteckt? (in)
▲ Nein, ... Tasche steckt es
auch nicht!

g ● Liegt es .... Fernseher? (vor)
▲ Nein, ... Fernseher liegt es nicht!

h ● Du hast es doch nicht ....
Papierkorb gesteckt! (in)
▲ .... Papierkorb? Da muss ich
mal nachsehen ...

C2 | **16** | **Wohin geht sie? Ordnen Sie zu und schreiben Sie.**

~~aus dem Haus~~ ● ins Haus ● in den Hof ● ~~raus~~ ● rüber ● über die Straße ● runter ●
in den dritten Stock ● rauf ● rein

a *Sie geht aus dem Haus* . *Sie geht raus* .

b ....

c ....

d ....

e ....

C2 | **17** | **Ergänzen Sie: *raus – rein – rauf – runter – rüber*.**

a in den Supermarkt   *rein* ....   **d** aus dem Supermarkt ....

b über die Straße   ....   **e** in den Keller   ....

c in den zehnten Stock   ....

C2 | **18** | **Was darf und kann man hier nicht? Ordnen Sie zu und schreiben Sie.**

reingehen ● rausgehen ● raufgehen ● rauffahren ● rübergehen ● runterfahren

a *Hier darf man nicht runterfahren.* ....   **d** ....

b ....   **e** ....

c ....   **f** ....

19 **Notieren Sie im Lerntagebuch.**

Schreiben Sie und zeichnen Sie.
Die Zeichnungen helfen Ihnen beim Wörterlernen.

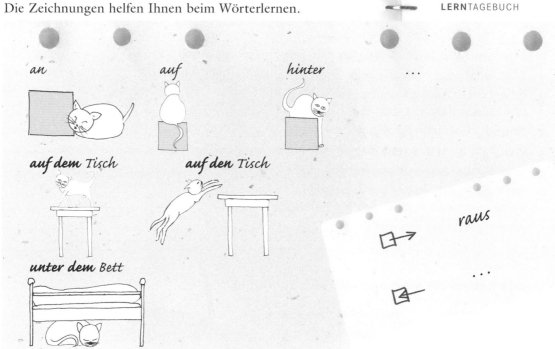

an auf hinter ...

auf dem Tisch   *auf den* Tisch

raus

...

unter dem Bett

Phonetik
CD3 09 🔲

20 **Wo hören Sie *ü*? Im 1. Wort oder im 2. Wort? Kreuzen Sie an.**

	1.	2.		1.	2.		1.	2.
a	🔲	🔲	**c**	🔲	🔲	**e**	🔲	🔲
b	🔲	🔲	**d**	🔲	🔲	**f**	🔲	🔲

Phonetik
CD3 10-14 🔲

21 **Hören Sie und sprechen Sie nach.**

a Briefe – Brüder ● mieten – müde ● fliegen – Flüge ● vier – für ●
Mitte – Müll

b viel Müll
Ganz schön viel Müll!
Das ist aber ganz schön viel Müll!

d vor die Tür stellen
Bitte den Müll vor die Tür stellen!
Herr Müller, würden Sie bitte den Müll
vor die Tür stellen!

c In Münster.
Mitten in Münster.
Das Kino ist mitten in Münster.

e Aber natürlich.
Aber natürlich müssen Sie.
Aber natürlich müssen Sie viel üben.

Phonetik
CD3 15 🔲

22 **Hören Sie und sprechen Sie nach.**

a lesen – lösen ● sehen – hören ● kennen – können ● Wetter – Wörter
b Lest den Text und löst dann die Aufgabe.
c Wir kennen das Wort und können es schreiben.
d Ich sehe nichts und höre nichts.
e Ich nehme ein Brötchen.

D4 **23** **Hier stimmt was nicht! Korrigieren Sie die Fehler.**

Tratsch in der Schmalgasse 13

a Unser Briefkasten ist sehr schön und die Nachbarn sind sehr nett.   *Mietshaus*

b Nur manchmal feiert Herr Maier eine Katze. Dann ist es sehr laut.   ....

c Aber er ist auch viel unterwegs. Dann ist sein Mietshaus immer voll.   *Briefkasten*

d Er stellt sein Auto immer im Hausmeister ab
und streitet dann mit dem Hof.   ....

e Er und seine Ordnung sind getrennt.   ....

f Und Familie Müller stellt ihren Keller immer vor dem Aufzug ab.   ....

g Und Familie Müller liebt Tiere. Sie haben einen Hund und eine Party.   ....

h Aber die streitet immer mit dem Hund.
Dann rennt sie schnell in den Kinderwagen.   ....

i Aber sonst ist bei uns alles in Frau.   ....

D4 **24** **Wie heißen die einzelnen Wörter? Schreiben Sie.**

a **das** Gartenhaus   *der Garten* ....   +   *das Haus* ....

    die Hausnummer   *das Haus* ....   + ...

    der Hausmeister   ....   + ...

    die Dachwohnung   ....   + ...

    der Fahrradkeller   ....   + ...

    der Müllcontainer   ....   + ...

    die Mülltonne   ....   + ...

b **das** Kaufhaus   *kaufen* ....   +   *das Haus* ....

    die Mietwohnung   ....   + ...

    der Parkplatz   ....   + ...

    das Wohnzimmer   ....   + ...

    der Schreibtisch   ....   + ...

D4 **Phonetik** **CD3** 16-17 **25** **Hören Sie und sprechen Sie nach.**

a Haus und Nummer ↗   Hausnummer ↘

    Fahrrad und Keller ↗   Fahrradkeller ↘

    Dach und Wohnung ↗   Dachwohnung ↘

    Garten und Haus ↗   Gartenhaus ↘

b mieten und Wohnung ↗   Mietwohnung ↘

    parken und Platz ↗   Parkplatz ↘

    wohnen und Zimmer ↗   Wohnzimmer ↘

    schreiben und Tisch ↗   Schreibtisch ↘

26 **Was ist ähnlich? Kreuzen Sie an.**

a Ich habe es furchtbar eilig.
☒ Ich habe keine Zeit.
☐ Ich habe viel Zeit.

b Ich bin gegen 7 Uhr zurück.
☐ Ich bin ungefähr um 7 Uhr zurück.
☐ Ich bin pünktlich um 7 Uhr zurück.

c Ich fahre übers Wochenende zu meinen Eltern.
☐ Ich bin von Freitag bis Sonntag nicht hier.
☐ Ich bin nächste Woche bei meinen Eltern.

d Ich muss ganz dringend zur Uni.
☐ Ich muss unbedingt zur Uni fahren.
☐ Ich muss später zur Uni fahren.

e Ich erwarte einen wichtigen Brief.
☐ Ich habe einen wichtigen Brief bekommen.
☐ Ich bekomme bald einen wichtigen Brief.

f Du sollst deine Eltern unbedingt zurückrufen.
☐ Deine Eltern haben angerufen.
☐ Bitte ruf deine Eltern an. Es ist wichtig.

27 **Was passt? Kreuzen Sie an.**

	verbrauchen	schreiben	erwarten	gießen	bekommen	ausleihen	wecken
einen Zettel		x			x		
einen Anruf							
Strom							
einen Brief							
eine Freundin							
ein Fahrrad							
Blumen							

28 **Was passt? Ordnen Sie zu.**

a Wollen wir zusammen Pizza essen?

b Übrigens: Deine Eltern haben heute Morgen angerufen.

c Sven ist weggegangen und hat die Küche nicht sauber gemacht.

d Ich hoffe, wir sehen uns am Wochenende.

e Du, mein Fahrrad ist kaputt und ich muss dringend zur Uni. Kann ich dein Fahrrad haben?

f Kannst du bitte die Blumen gießen und die Schlüssel in den Briefkasten werfen?

g Unsere Stromrechnung ist sehr hoch. Wir haben zu viel Strom verbraucht.

1 Was haben sie gesagt? Soll ich sie zurückrufen?

2 Das geht leider nicht. Ich muss am Samstag in die Uni.

3 In Ordnung. Das mache ich.

4 Kein Problem. Du kannst es nehmen. Ich brauche es nicht.

5 Das ist wirklich ärgerlich. Wir haben nicht mehr viel Geld.

6 Gute Idee. Das machen wir. Vielleicht um 19 Uhr?

7 Das finde ich gar nicht gut. Er hilft nie im Haushalt!

Lernwortschatz

Im Mietshaus

Aufzug der, ⸚e ....

Briefkasten der, ⸚ ....

Hausmeister der, – ....

Hof der, ⸚e ....

Keller der, – ....

Mietshaus das, ⸚er ....

Müll der ....

Mülltonne die, -n ....

In der Wohnung

Boden der, ⸚ ....

Decke die, -n ....

Regal das, -e ....

Teppich der, -e ....

Toilette die, -n ....

Wand die, ⸚e ....

ein·richten,
   hat eingerichtet ....

Richtungsangaben

raus ....

rein ....

rauf ....

runter ....

rüber ....

raus·kommen,
   ist rausgekommen ....

rein·kommen,
   ist reingekommen ....

rauf·kommen,
   ist raufgekommen ....

runter·kommen,
   ist runtergekommen ....

rüber·kommen,
   ist rübergekommen ....

Weitere wichtige Wörter

Amt das, ⸚er ....

Anruf der, -e ....

Bescheid sagen ....

Katze die, -n ....

Kinderwagen der, – ....

Kiste die, -n ....

Mitteilung die, -en ....

Ordnung die ....
   in Ordnung ....

Pflanze die, -n ....

Plastik das ....

Strom der ....

Zettel der, – ....

ab·stellen,
   hat abgestellt ....

aus·leihen,
   hat ausgeliehen ....

erwarten,
   hat erwartet ....

gießen, hat gegossen ....

hängen,
  hat/ist gehangen /
  hat gehängt ....

hoffen, hat gehofft ....

legen,
  hat/ist gelegen ....

sorgen, hat gesorgt ....

stecken,
  hat/ist gesteckt ....

stellen, hat gestellt ....

streiten,
  hat gestritten ....

trennen,
  hat getrennt ....

verbessern,
  hat verbessert ....

verbrauchen,
  hat verbraucht ....

wecken, hat geweckt ....

weg·werfen,
  du wirfst weg,
  er wirft weg,
  hat weggeworfen ....

werfen, du wirfst,
  er wirft,
  hat geworfen ....

ärgerlich ....

sauber ....

sauber machen ....

schmutzig ....

übrigens ....

Welche Wörter möchten Sie noch lernen?

....
....
....
....
....
....
....
....
....
....
....
....
....
....

Ich trinke **meistens** Kaffee zum Frühstück.

A1 **1** **Was passt? Ordnen Sie zu.**

a Ich gehe fünfmal pro Woche schwimmen.   Ich gehe selten schwimmen.

b Zweimal im Monat schwimmen – das ist genug!   Ich gehe nie schwimmen.

c Schwimmen? Dreimal im Jahr – das ist okay!   Ich gehe oft schwimmen.

d Schwimmen, nein danke.   Ich gehe manchmal schwimmen.

A2 **2** **Ergänzen Sie: *immer – oft – selten – nie*.**

a Wir trinken jeden Morgen zum Frühstück ein Glas Orangensaft.
Wir trinken zum Frühstück ..*immer*.......... ein Glas Orangensaft.

b Meine Kinder dürfen nur am Sonntag fernsehen. Die Kinder von meiner Freundin dürfen jeden
Tag fernsehen. Meine Kinder sehen nur .... fern, aber die Kinder von meiner Freundin
sehen .... fern.

c Stefan macht dreimal pro Woche Sport, Daniel nur einmal pro Monat.
Stefan macht ...., Daniel macht nur .... Sport.

d Meine Nachbarin fährt nur mit dem Auto oder Zug in Urlaub. Sie ist noch .... geflogen.

A2 **3** **Antworten Sie mit: *immer – fast immer – meistens – oft – manchmal – selten –
fast nie – nie*.**

a Trinken Sie morgens Tee?
..*Fast nie, ich trinke meistens Kaffee.*..

b Trinken Sie Wein zum Abendessen?
....

c Essen Sie Brot mit Honig oder Marmelade zum Frühstück?
....

d Essen Sie am Vormittag etwas?
....

e Essen Sie zum Mittagessen etwas Warmes?
....

f Kochen Sie jeden Abend?
....

g Essen Sie mittags zusammen mit Ihren Kollegen oder Freunden?
....

A3 **4** **Schreiben Sie und sprechen Sie.**

a **Wählen Sie eine Person aus Ihrem Kurs. Überlegen Sie: Was macht sie/er wie oft?**
spazieren gehen ● in die Disko gehen ● am Abend fernsehen ● schwimmen ● Kleidung kaufen ●
Deutsch lernen ● Sport machen ● spät ins Bett gehen ● ...
Ich glaube, Alfredo geht oft spazieren, er geht manchmal in die Disko. Selten ...

b **Zeigen Sie dieser Person Ihren Text.**
Sie/Er soll sagen, was stimmt und was nicht. Wer hat seine Person am besten beschrieben?

5 **Was ist richtig? Markieren Sie.**

a ▲ Magst du noch eine Nussschnecke?
   ● Nein danke, ich mag (keine)/keins mehr.

b ▲ Haben wir denn überhaupt noch Brezeln?
   ● Warte, ich sehe mal nach. … Ja, wir haben noch eins/welche.

c ▲ Magst du auch einen Apfel?
   ● Gern, gibst du mir bitte einen/eine?

d ▲ Kaufst du bitte noch ein Vollkornbrot?
   ● Ich habe doch erst gestern einen/eins gekauft!

e ▲ Haben wir noch ein Brötchen?
   ● Nein, wir haben keins/keinen mehr.

f ▲ Haben wir noch eine Zitrone?
   ● Ja, soll ich dir einen/eine geben?

6 **Ergänzen Sie: *ein-*, *kein-*, *welch-*.**

a ▲ Ich brauche bitte eine Schüssel.
   ● Hier ist doch ..*eine*............. .

b ▲ Haben wir eigentlich noch Nüsse?
   ● Ja, hier sind ....

c ▲ Gibst du mir bitte ein Brötchen?
   ● Tut mir leid, hier ist .... mehr.

d ▲ Gib mir bitte einen Löffel.
   ● Dort liegt doch ....

e ▲ Haben wir noch Eier?
   ● Nein, im Kühlschrank sind .... mehr.

f ▲ Ich brauche bitte ein Messer.
   ● Schau, hier liegt doch ....

g ▲ Gibst du mir bitte eine Zitrone?
   ● Tut mir leid, aber hier ist ....

h ▲ Ist noch ein Apfel da?
   ● Nein, hier ist .... mehr.

7 **Hier ist *einer*! Ich brauche *keinen*.**

Ergänzen Sie die Formen aus den Übungen 5 und 6 in der Tabelle.

	maskulin **der** (Löffel)	neutral **das** (Messer)	feminin **die** (Gabel)	Plural **die** (Tassen)
Nominativ				
Hier ist … Hier sind …	*einer*			
Tut mir leid, hier ist … hier sind …	*keiner*			
Akkusativ	**den**	**das**	**die**	**die**
Ja, ich brauche …				
Nein danke, ich brauche …	*keinen*			*keine*

8 **Welches Wort passt nicht? Streichen Sie.**

a Spülmaschine – Kühlschrank – Pfanne – Mikrowelle
b Messer – Gabel – Schüssel – Löffel
c Teller – Becher – Tasse – Glas
d Topf – Kanne – Schüssel – Gabel

ammatik
tdecken

Wiederholung
Schritte int. 2
Lektion 10

9 **Was nehmen wir mit? Ergänzen Sie die Possessivartikel.**

> Was wollt ihr denn alles mitnehmen? Wir machen doch nur einen Ausflug!

der Laptop
das Fahrrad
die Puppe
der Ball
der Fotoapparat
das Handy
das Buch
der Schirm
das Essen

a Also, Klaus, du willst doch nicht etwa *...deinen...* Laptop mitnehmen?

b Und die Fahrräder? Wollt ihr etwa .... Fahrräder mitnehmen? Das geht nun wirklich nicht!

c Also, Anna, du darfst natürlich .... Puppe mitnehmen.

d Jan und Julian dürfen .... Ball mitnehmen.

e Und Sarah kann .... Fotoapparat mitnehmen.

f Und Paul darf .... Handy mitnehmen.

g Und ich darf .... Bücher und .... Sonnenschirm mitnehmen.

h So, haben wir etwas vergessen? Ach, ... Essen! Ein Picknick ohne Essen!

B3

10 **Was ist richtig? Kreuzen Sie an.**

a ▲ Wo ist denn mein Stadtplan? Hast du ihn gesehen?
● Nein, aber du kannst gern ☐ mein ☐ meinen nehmen.

b ▲ Ist das deine Tasse oder meine?
● ☐ Deine ☐ Deins, glaube ich.

c ▲ Ich habe leider mein Handy vergessen. Darf ich mal kurz ☐ Ihr ☐ Ihrs nehmen?
● Ja, natürlich.

d ▲ Mein Auto ist kaputt und ich muss morgen nach Bremen. Was soll ich jetzt machen?
● Du kannst morgen gern ☐ mein ☐ meins nehmen. Ich brauche es nicht.

e ▲ Hey, super Computer! Hast du im Lotto gewonnen?
● Nein, das ist nicht ☐ mein ☐ meiner. Der gehört meinem Bruder.

B3

11 **Ergänzen Sie *eins, meins, keins* ...**

a ▲ Oh je – der Kugelschreiber funktioniert nicht mehr. Hast du noch .... ?
● Schau mal, da auf dem Tisch liegt doch noch ....

b ▲ Kinder, wem gehören denn die zwei Fahrräder hier? Sind das .... ?
● Nein, das sind doch nicht ....

c ▲ Morgen kaufen wir endlich eine Spülmaschine.
● Was, ihr habt noch .... ?
▲ Nein, meine Frau wollte nie ....

d ▲ Wo habe ich nur meinen Kalender hingelegt? Haben Sie ihn gesehen?
● Ist der auf dem Stuhl dort nicht .... ?

e ▲ Kann ich mal kurz an einen Computer?
● Ja natürlich. Frau Zwinger ist heute nicht da. Sie können .... benutzen.

f ▲ Ist das Feuerzeug hier von Franz?
● Ja, ich glaube, das ist ....

B3

12 **Was sagen die Leute? Schreiben Sie Gespräche. Benutzen Sie Pronomen.**

A ● *Gib her! Das ist meins.*
■ *Nein, das ist Julians. Das ist doch nicht ...*

13 Im Café

Konditorei — Café Gerhard Fischer

Frühstück

Kleines Frühstück
1 Tasse Kaffee oder Tee, 1 Brötchen,
Butter, Marmelade   3.30

Großes Frühstück
1 Kännchen Kaffee oder Tee, 2 Brötchen,
Butter, Marmelade, Wurst und Käse,
1 weich gekochtes Ei   6.50

Extras

1 weich gekochtes Ei	0.60
1 Portion Butter	0.50
1 Portion Wurst oder Käse	1.80
1 Brezel mit Butter	1.20

Kuchen und Torten

Nusskuchen	2.30
Käsekuchen	2.30
Sachertorte	2.50
Schwarzwälder Kirschtorte	2.80
Portion Sahne	

Heiße Getränke

Tasse Kaffee	1.90
Kännchen Kaffee	3.80
Espresso	1.90
Milchkaffee	3.30
Cappuccino mit Sahne	2.20
Cappuccino mit Milch	2.20
Tasse heiße Schokolade mit Sahne	2.20
Glas Irish Coffee	4.10
Glas Tee	1.80
Kännchen Tee	3 '

Alkoholfreie Getränke
Coca-Cola 0,20 l
Fanta 0,20l
Mineralwasser 0,25l
Apfelsaft 0,20l
Orangensaft 0,20l

Biere
Lö...

a **Was haben die Personen an den drei Tischen bestellt? Notieren Sie.**

1   2   3

Großes Frühstück ....

....

b **Wer spricht? Hören Sie und kreuzen Sie an.**

Die Personen an

☐ Tisch 1   ☐ Tisch 2   ☐ Tisch 3

14 Ordnen Sie die Gespräche.

a **bestellen**

☐ Einen Apfelsaft, bitte.
☐ Gern. Was darf ich Ihnen bringen?
☐ Ich nehme den Braten mit Kartoffeln.
☑ Ich möchte bestellen, bitte.
☐ Und was möchten Sie essen?

b **bezahlen**

☐ Zusammen oder getrennt?
☐ Das macht 13,60 €.
☐ Wir möchten bitte zahlen.
☐ Stimmt so.
☐ Zusammen.

c **reklamieren**

☐ Ja bitte?
☐ Oh, das tut mir leid. Ich bringe Ihnen sofort den Milchkaffee.
☐ Entschuldigung!
☐ Ich habe einen Milchkaffee bestellt und keinen Espresso.

C2 **15** **Ergänzen Sie.**

Oh, das tut mir leid! ● Können wir bitte bezahlen? ● Zusammen oder getrennt? ●
Ja natürlich, bitte sehr! ● Was möchten Sie trinken? ● Kann ich bitte bestellen? ● Stimmt so.

a ● ....
   ▼ Ja gerne. ....
   ● Einen Tee mit Zitrone, bitte.

b ◆ ....
   ■ Ich komme sofort. ...
   ◆ Zusammen.
   ■ Das macht 38,60 €, bitte.
   ◆ ....
   ■ Vielen Dank und einen schönen Abend noch.

c ▲ Entschuldigen Sie bitte, sind hier noch zwei Plätze frei?
   ● ....

d ■ Entschuldigung, aber mein Kaffee ist fast kalt.
   ● .... Ich bringe Ihnen sofort einen neuen.

C2 **CD3** 19 ▭ **16** **Hören Sie und sprechen Sie nach. Achten Sie auf den *s*-Laut.**
Phonetik

das Glas ● das Messer ● der Reis ● das Eis ● der Bus ● die Straße ● der Salat ●
das Gemüse ● der Käse ● am Sonntag ● die Pause ● der Besuch ● die Bluse

C2 **CD3** 20 ▭ **17** **Hören Sie und sprechen Sie nach.**
Phonetik

Ich sitze auf dem Sofa und sehe fern. ● Das Gemüse sieht gut aus. ●
Meistens trinke ich morgens ein Glas Orangensaft. ●
Eine Tasse heiße Schokolade mit Sahne, bitte. ●
Seid doch bitte leise. ● Der Satz ist auf Seite sieben.

C2 **CD3** 21 ▭ **18** **Hören Sie und ergänzen Sie: *s – ss – ß*.**
Phonetik

a Mein Freund heißt Klaus. Er i...t gro... und i...t mei...tens sehr viel.
   Deshalb ist er auch ein bi...chen dick. Er macht auch ...elten Sport.
   Fu...ball im Fern...ehen findet er be...er.

b Du trinkst ja nur Mineralwa...er und i...t nur Brot. Was i...t denn pa...iert?

c Rei...en ist mein Hobby. Das macht mir Spa... . Ich habe schon drei...ig
   Städte be...ucht.

d Hallo Susanne. Du mu...t schnell nach Hau...e kommen, ich habe schon
   wieder meinen Schlü...el verge...en.

19   **Was passt zu „Imbiss"? Markieren Sie.**

im Stehen essen ● elegant ● schnell ● Bratwurst ● Cola ● teuer ● billig ● mit den Händen essen ●
gesundes Essen ● am Tisch sitzen ● Restaurant ● Pommes Frites

20   **Was passt? Kreuzen Sie an.**

		scharf	sauer	süß	fett	salzig
a	Chili	✕				
b	Schweinebraten					
c	Kuchen					
d	Zitrone					
e	Wurst					
f	Eis					
g	Honig					
h	Pommes Frites					
i	Schokolade					
j	Sauerkraut					

21   **Rund ums Essen. Ergänzen Sie.**

a   Frühstück, Mittagessen und Abendessen sind ..... a .... z ....

b   Wurst mit Sauerkraut ist ein typisch deutsches .... r ....

c   Fleisch und Wurst kauft man in einer .... z .... r ....

d   ● Hier riecht es ja gut! Was kochst du denn da?

   ■ Ein südamerikanisches Gericht mit Rindfleisch, Reis und Bohnen.
      Möchtest du mal .... o .... r .... ?

e   Eine Currywurst muss man zuerst braten. Dann s .... n .... man sie in Stücke
      und gibt eine Soße darüber.

f   ● Hmm, die Soße ist ja lecker. Kann ich das .... z ..... p ..... haben?

   ■ Ja, natürlich.

22   **Ihr Lerntagebuch**

Machen Sie Lernkarten. Schreiben Sie alle maskulinen Nomen („der ...") grün, alle neutralen Nomen
(„das ...") blau und alle femininen Nomen („die ...") rot. Auf die Rückseite schreiben Sie die
Wörter in Ihrer Sprache.

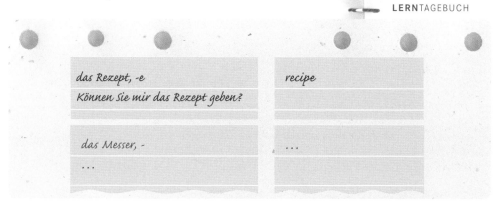

LERNTAGEBUCH

das Rezept, -e
Können Sie mir das Rezept geben?

recipe

das Messer, -

...

...

E4 **23** **Was passt? Ordnen Sie zu.**

Setzen Sie sich doch! ● Kommen Sie gut nach Hause. ● Bleiben ~~Sie doch noch~~ ein bisschen. ● Möchten Sie noch einen Kuchen? ● Ich muss leider wirklich nach Hause. ● Der Kuchen ist wirklich lecker. ● ~~Kommen Sie bitte rein!~~ ● ~~Kaffee oder Tee?~~ ● Und vielen Dank für die Einladung. ● Können Sie mir das Rezept geben?

Kommen Sie bitte rein!

Kaffee oder Tee?

Bleiben Sie doch noch ein bisschen.

E4 **24** **Was kann man auch sagen? Kreuzen Sie an.**

a **Wir müssen wirklich gehen.**
  ☐ Wir wollen gerne gehen.
  ☐ Wir können jetzt gehen.
  ☒ Wir können leider nicht mehr bleiben.

b **Der Kuchen ist wirklich lecker!**
  ☐ Der Kuchen schmeckt mir!
  ☐ Der Kuchen gefällt mir!
  ☐ Der Kuchen schmeckt gar nicht.

c **Setzt euch doch bitte!**
  ☐ Sitzen Sie bitte gerade!
  ☐ Nehmt doch bitte Platz!
  ☐ Ist hier noch frei?

d **Vielen Dank für die Einladung!**
  ☐ Das wäre doch nicht nötig gewesen!
  ☐ Ich danke Ihnen für die Einladung.
  ☐ Nein danke, ich kann nicht mehr.

E4 **25** **Wie können Sie reagieren? Schreiben Sie.**

Ja, gern. Sie schmeckt wirklich lecker. ● Ach, bleibt doch noch ein bisschen. ● Ach schade, aber wir fahren am Wochenende nach Berlin. ● Das wäre doch nicht nötig gewesen! ● ~~Vielen Dank, wir kommen gern.~~ ● Schon? Schade. Dann kommt aber mal gut nach Hause. ● Aber ich habe leider keinen Hunger mehr. ● Herzlichen Dank, das ist sehr nett von Ihnen.

a ▲ Wir möchten Sie und Ihren Mann gern am Samstag zum Abendessen einladen.

● *Vielen Dank, wir kommen gern.* ● ....

b ▲ Das ist für Sie.

● .... ● ....

c ▲ Möchten Sie noch etwas von der Nachspeise?

● .... ● Die Nachspeise ist wirklich sehr gut.

d ▲ Jetzt müssen wir aber wirklich gehen.

● .... ● ....

26   Ein Abendessen bei Klaus

a Lesen Sie die E-Mail: Was schreibt Paula? Sehen Sie dann die Bilder an: Wie war das Abendessen wirklich? Ordnen Sie die Bilder den Sätzen zu.

③

Lieber Klaus,

herzlichen Dank für den netten Abend gestern. Die Einladung bei Dir war wirklich toll.
Deine Freunde sind sehr sympathisch und lustig! (a)
Besonders nett finde ich Axel.
Er hat so tolle Geschichten erzählt. (b)
Und das Essen! Einfach super! (c) Du musst mir unbedingt das Rezept für den Schweinebraten geben!
Und der Wein war wie immer auch lecker. (d)
Leider bin ich schon so früh gegangen. Aber Du weißt ja: Ich habe zurzeit so viel Arbeit! (e)

Ich hoffe, wir sehen uns bald wieder.
Viele Grüße
Paula

b Was ist wirklich passiert? Was schreibt Paula ihrer Freundin? Sehen Sie die Bilder in a an und schreiben Sie Paulas E-Mail.

Klaus wie immer schlecht kochen ● Wein auch nicht schmecken ● Freunde von Klaus alle langweilig sein ● nur Axel die ganze Zeit mit mir sprechen ● aber auch furchtbar langweilig sein ● früh gehen und lieber andere Freunde treffen ● bis zwei Uhr morgens viel Spaß haben

Hallo Eva,
gestern hat mich Klaus zum Essen eingeladen! Na ja, der Abend war nicht so toll!
Wie immer hat Klaus schlecht gekocht.
· · ·
· · ·

Und so war der Abend doch noch gut!
Bis bald!
Paula

P.S. Wie wäre es mit einer Einladung zum Essen? ;-)

Wie oft? / Wann?

immer	....	nie	....
fast immer	....	morgens	....
meistens	....	mittags	....
oft	....	abends	....
manchmal	....		
selten	....	werktags	....
fast nie	....	wochentags	....

Geschirr

Becher der, –	....	Pfanne die, -n	....
Gabel die, -n	....	Schüssel die, -n	....
Glas das, ¨er	....	Tasse die, -n	....
Kanne die, -n	....	Teller der, –	....
Löffel der, –	....	Topf der, ¨e	....
Messer das, –	....		

Speisen und Gerichte

Appetit der	....	braten, du brätst, er brät, hat gebraten	....
Gericht das, -e	....		
Mahlzeit die, -en	....		
Nachspeise die, -n	....	schneiden, hat geschnitten	....
Portion, die -en	....		
Rezept das, -e	....	fett	....
Bohne die, -n	....	frisch	....
Braten der, –	....	salzig	....
Honig der	....	sauer	....
Marmelade die, -n	....	scharf	....
Nudel die, -n	....	süß	....
Nuss die, ¨e	....		
Zucker der	....		
Zitrone die, -n	....		

Weitere wichtige Wörter

Art die, -en ....

Diät die, -en ....

Gast der, ⁼e ....

Kellner der, – ....

Kellnerin die, -nen ....

Lied das, -er ....

Menge die, -n ....

Metzgerei die, -en ....

Rind das, -er ....

Sendung die, -en ....

Spülmaschine die, -n....................................

Trinkgeld das, -er ....

duschen,
   hat geduscht ....

gewinnen,
   hat gewonnen ....

her·stellen,
   hat hergestellt ....

lassen, du lässt,
   er lässt,
   hat gelassen ....

mit·bringen,
   hat mitgebracht ....

öffnen, hat geöffnet ....

probieren,
   hat probiert ....

anders ....

besetzt ....

drinnen ....

eigen- ....

geheim ....

hart ....

komisch ....

nötig ....

satt ....

seltsam ....

typisch ....

wach ....

weich ....

eigentlich ....

genauso ....

nirgends ....

übrig ....

Welche Wörter möchten Sie noch lernen?

....

....

....

....

....

....

....

....

4 **A** Lektion 4: Arbeitswelt

Thomas ist Bäcker. Den **solltest** du mal besuchen, Maria!

A1

1 **Tipps für Berufsanfänger. Was passt? Ordnen Sie zu.**

Sie sollten im Büro nicht privat telefonieren! ● Sie sollten die Füße nicht auf den Schreibtisch legen! ● Sie sollten im Büro nicht so viel rauchen!

a ....

....

b ....

....

c ....

....

A3

2 **Welcher Ratschlag passt zu welcher Person? Ergänzen Sie *sollt-* und ordnen Sie zu.**

Bild

a Sie *sollten* nicht so viel Fleisch und Eier essen. ☑

b Du *solltest* lieber diesen Rock anziehen. ☐

c Sie *sollten* nicht so viel rauchen. ☐

d Du *solltest* vielleicht mal zu einem anderen Frisör gehen. ☐

e Ihr *solltet* am Anfang langsam laufen. ☐

f Sie *sollten* möglichst nachts nicht mehr arbeiten. ☐

g Du *solltest* diese Schuhe besser nicht zu dem Rock anziehen. ☐

h Ihr *solltet* beim Sport immer viel trinken. ☐

A3

3 **Geben Sie Ratschläge. Schreiben Sie.**

abends spazieren gehen ● mit ~~seiner Chefin~~ reden ● einen Handwerker anrufen ● ein paar Tage im Bett bleiben ● nicht so viel Süßes essen ● einen Terminkalender kaufen

a ● Mein Mann muss immer so viele Überstunden machen.

▲ *Er sollte mit seiner Chefin reden.* ....

b ● Ich schlafe in letzter Zeit so schlecht.

▲ *Sie* ....

c ● Die Haustür schließt nicht mehr richtig.

▲ *Wir* ....

d ● Meine Freundin vergisst alle Termine.

▲ *Sie* ....

e ● Ich bin zu dick. Aber ich habe schon so viele Diäten gemacht!

▲ *Du* ....

f ● Ich glaube, ich habe Fieber.

▲ *Sie* ....

Wenn du keine Lust mehr auf deinen Job hast,
dann kannst du ja in einer Bäckerei arbeiten.

B   4

<u>4</u>   **Wer sagt was? Ordnen Sie zu.**

Ihr Auto ist kaputt. Wie fahren Sie zur Arbeit?

1   2   3

Bild

<u>a</u>   Wenn es schneit, dann nehme ich die U-Bahn.   ☐
<u>b</u>   Wenn die Sonne scheint, fahre ich mit dem Fahrrad.   ☐
<u>c</u>   Wenn es regnet, dann nehme ich den Bus.   ☐

<u>5</u>   **Ergänzen Sie.**

<u>a</u>   Mein Auto ist kaputt. Ich gehe zu Fuß.

Wenn mein Auto kaputt _ist_, _gehe_ ich zu Fuß.

<u>b</u>   Das Wetter ist schön. Ich fahre mit dem Fahrrad.

Wenn das Wetter schön ...., dann .... ich mit dem Fahrrad.

<u>c</u>   Ich habe keine Zeit. Ich nehme die U-Bahn.

Wenn ich keine Zeit ...., ... ich die U-Bahn.

<u>d</u>   Ich fahre mit dem Auto. Ich brauche zehn Minuten bis zum Büro.

Wenn ich mit dem Auto ...., dann .... ich zehn Minuten bis zum Büro.

<u>6</u>   **Tragen Sie die Sätze aus Übung 5 in die Tabelle ein.**

<u>a</u>	Wenn _mein Auto kaputt_	_ist_,	(........)	_gehe_ _ich zu Fuß._
<u>b</u>	Wenn	........,	(_dann_)	....
<u>c</u>	Wenn	........,	(........)	....
<u>d</u>	Wenn	........,	(_dann_)	....

<u>7</u>   **Was sollten Sie tun, wenn …? Schreiben Sie.**

<u>a</u>   Sie gehen abends nach Hause. → Schalten Sie bitte Ihren Computer aus.
Wenn _Sie abends nach Hause gehen, schalten_ ....

<u>b</u>   Sie gehen mittags in die Kantine. → Schließen Sie bitte das Büro ab.
Wenn ....

<u>c</u>   Sie haben Kopfschmerzen. → Ich kann Ihnen Medikamente geben.
Wenn ....

<u>d</u>   Sie haben Kaffee getrunken. → Spülen Sie bitte Ihre Tasse selbst.
Wenn ....

<u>e</u>   Ein deutscher Text ist zu schwierig. → Frau Albrecht übersetzt ihn für Sie.
Wenn ....

<u>8</u>   **Probleme im Büro. Sagen Sie es anders.**

<u>a</u>   Sie brauchen Hilfe am Computer? Fragen Sie Frau Ziegler.
Fragen Sie Frau Ziegler, wenn Sie Hilfe am Computer brauchen .

<u>b</u>   Im Büro ist etwas kaputt? Sprechen Sie bitte mit dem Hausmeister.
Sprechen ....

4 | **B** | **Wenn** du keine Lust mehr auf deinen Job hast, **dann** kannst du ja in einer Bäckerei arbeiten.

c Sie kommen morgens einmal später? Rufen Sie bitte am Empfang an.

Rufen ....

d Sie suchen Büromaterial? Fragen Sie Ihre Kolleginnen.

Fragen ....

e Sie haben noch Fragen? Kommen Sie zu mir.

Kommen ....

B3 | **9** | **Fragen an die Chefin. Antworten Sie.**

a ● Kann ich heute schon um 16 Uhr nach Hause gehen?

■ Ja, wenn .... (sein – Ihre Arbeit – fertig)

b ● Kann ich am Montag einen Tag frei nehmen?

■ Ja, wenn .... (da – sein – Frau Volb)

c ● Kann ich auch manchmal einen Tag zu Hause arbeiten?

■ Ja, wenn .... (können – wir – immer – Sie – anrufen)

d ● Ich muss morgen um 11 Uhr zum Arzt. Geht das?

■ Ja natürlich, wenn ....

(möglich – kein anderer Termin – ist)

B3 | **10** | **Ergänzen Sie die Sätze.**

a Ich rufe meine Freundin an, wenn …   **d** Ich mache Sport, wenn …
b Ich bin traurig, wenn …   **e** Ich kaufe Blumen, wenn …
c Ich spiele Computerspiele, wenn …   **f** Ich bin sauer, wenn …

B3 | **11** | **Was passt zusammen? Ordnen Sie zu.**

a Brezeln   ausschalten
b in einer Fabrik   anbieten
c eine Quittung   etwas produzieren
d den Gästen Tee und Gebäck   backen
e zu viel Geld   schreiben
f den Computer   ausgeben

B4 | **12** | **Ergänzen Sie im Lerntagebuch.**

LERNTAGEBUCH

Ich lerne Deutsch. Ich [lebe] *in Deutschland.*
Ich lerne Deutsch, **weil** *ich in Deutschland* [lebe] *.*

Kurt ist zu Hause. Susanne [arbeitet] *am Nachmittag.*
Kurt ist zu Hause, **wenn** *Susanne am Nachmittag* [arbeitet] *.*
⚠ **Wenn** *Susanne am Nachmittag* [arbeitet] *,* [ist] *Kurt zu Hause.*

Ich fahre mit dem Fahrrad. Die Sonne scheint.
Ich fahre mit dem Fahrrad, **wenn** .... [............] *.*
⚠ **Wenn** .... [..............] *,* [..............] *ich mit dem Fahrrad.*

13 Ergänzen Sie *schon* oder *noch nicht*.

a ● Guten Morgen, Nadja. Sag mal, ist Herr Steiner *schon* da?

■ Nein, der ist .... da. Du weißt doch, er kommt immer erst nach neun Uhr!

b ▲ Hast du deine Hausaufgaben .... gemacht?

■ Nein, ... , aber ich mache sie heute Abend. Jetzt gehe ich mit Fritz Fußball spielen.

▲ Nein, nein, das geht nicht. Wenn du deine Hausaufgaben .... gemacht hast, darfst du auch nicht rausgehen! Das weißt du doch!

14 Ergänzen Sie: *jemand – niemand – etwas – nichts*. **Hören Sie dann und vergleichen Sie.**

a ▲ Vor fünf Minuten hat *jemand* für dich angerufen. Ein Herr Peterson oder so ähnlich war sein Name.

● Wie bitte? Peterson? Ich kenne .... mit dem Namen Peterson.

b ◆ Ich habe uns .... zu essen mitgebracht.

▼ Vielen Dank, das ist sehr nett. Aber ich möchte jetzt .... Ich habe gerade .... gegessen.

c ◆ Was hat er gesagt? Hast du .... verstanden?

▼ Nein, tut mir leid, ich habe auch .... verstanden.

d ▲ Hallo, ist da .... ?

● Komm, wir gehen rein, ich glaube hier ist ....

15 Ein Telefongespräch.

a **Wer sagt das? Die Sekretärin (S) oder der Anrufer (A)?**

A Guten Tag, hier spricht Grahl. Könnten Sie mich bitte mit Frau Pauli verbinden?

☐ Nein, danke. Ist denn sonst noch jemand aus der Export-Abteilung da?

☐ Ja, gerne, das ist die 301. Also 9602-301.

☐ Tut mir leid, Frau Pauli ist außer Haus. Kann ich ihr etwas ausrichten?

S Firma Hens und Partner, Maurer, guten Tag.

☐ Nein, es ist gerade Mittagspause. Da ist im Moment niemand da.

☐ Gut, dann versuche ich es später noch einmal. Könnten Sie mir noch die Durchwahl von Frau Pauli geben?

☐ Vielen Dank. Auf Wiederhören, und einen schönen Tag noch.

☐ Danke, gleichfalls.

b **Ordnen Sie das Gespräch. Hören Sie dann und vergleichen Sie.**

S Firma Hens und Partner, Maurer, guten Tag.
A Guten Tag, hier spricht ...

C3 Schreibtraining **16** **Frau Breiter hat angerufen! Schreiben Sie Notizen per E-Mail.**

a später in Arbeit kommen ● Anruf
von Frau Breiter ● Arzttermin haben

> Lieber Herr Bauer,
> *Frau Breiter hat angerufen. Sie*
> *hat heute leider . . . .*
> Viele Grüße
> Amelie Blau

c gern Termin vereinbaren ● Herr Hassos von
Berliner Zeitung anrufen ● bitte zurückrufen

> Sehr geehrte Frau Sporer,
> *Herr Hassos . . .*

b Herr Hein aus Exportabteilung anrufen ●
Termin am 21.9. absagen ● bitte Rückruf! ●
einen neuen Termin vereinbaren

> Liebe Frau Schön,
> ...

d etwas unternehmen? ● Zeit nach der Arbeit? ●
ein Glas Wein trinken oder Kino?

> Liebe Susanne,
> . . .

C3 Phonetik **CD3** 24-27 🎧 **17** **Hören Sie und markieren Sie die Betonung ╱.**

a ▼ Guten Mórgen. Ist Herr Stéiner schon da?
   ● Nein, tut mir leid. Herr Steiner kommt erst um neun.

b ▼ Guten Morgen, Nádja. Ist Herr Steiner schon dá?
   ● Nein, er ist noch nicht da. Du weißt doch, er kommt immer erst nach neun.

c ◆ Es hat jemand für dich angerufen. Ein Herr Peterson oder so ähnlich.
   ▼ Peterson? Ich kenne niemand mit dem Namen.

d ■ Was hat er gesagt? Hast du etwas verstanden?
   ▼ Nein, ich habe nichts verstanden. Und du?
   ▲ Ich habe auch nichts verstanden.

Sprechen Sie die Gespräche.

C3 Phonetik **CD3** 28-31 🎧 **18** **Hören Sie und sprechen Sie nach. Achten Sie auf den *ch*-Laut.**

a ich – auch ● dich – doch ● nicht – noch ● die Bücher – das Buch ●
das Gespräch – die Sprache ● die Rechnung – die Nachricht ●
ich möchte – ich mache ● ich besichtige – ich besuche ●
täglich – nachmittags

b Kommst du pünktlich? ● Ich komme um acht. ● Lies doch ein Buch! ●
Ruf mich doch mal an. ● Geh doch bitte noch nicht! ●
Vorsicht, die Milch kocht! ● Mach doch Licht! ●
Ich möchte bitte gleich die Rechnung. ● Ich möchte Frau Koch sprechen.

c ▼ Du besuchst mich doch am Wochenende.
   ● Das ist noch nicht sicher.

d ■ Kannst du Jochen etwas ausrichten?
   ◆ Aber sicher, ich sehe ihn gleich nach dem Kurs.

C3 Phonetik **19** **Wo spricht man *ch* wie in *ich*, wo wie in *auch*? Ergänzen Sie auch die Wörter aus Übung 18.**

ich: *dich,* _____

auch: *doch,* _____

20 Arbeit in der Freizeit

a Was arbeiten die Jugendlichen? Ordnen Sie zu.

	Bild
Kinder betreuen	☐
Nachhilfe geben	☐
Zeitungen austragen	☐

b Lesen Sie und kreuzen Sie an: richtig oder falsch?

Wenn Jugendliche Geld verdienen wollen

Das Gesetz sagt, was, wie viel und wann Jugendliche arbeiten dürfen. Für Kinder bis zum 15. Geburtstag gilt: Sie dürfen nur „leichte" Tätigkeiten ausüben – zum Beispiel Nach-
5 hilfe geben, Kinder betreuen oder auch Zeitungen austragen, aber nicht nach 18 Uhr und maximal zwei Stunden täglich.
Jugendliche zwischen 15 und 18 Jahren dürfen nicht mehr als acht Stunden täglich (mit Pausen maximal zehn, in Gaststätten elf) und 10
40 Stunden wöchentlich arbeiten – und das auch nur an fünf Tagen in der Woche. Wenn sie noch die Schule besuchen, dürfen sie in den Schulferien maximal vier Wochen acht Stunden täglich und 40 Stunden wöchentlich 15
arbeiten. Nicht erlaubt sind Jobs zwischen 20 und 6 Uhr. An Sonn- und Feiertagen dürfen Jugendliche nicht arbeiten.

		richtig	falsch
1	Kinder und Jugendliche dürfen erst ab 15 Jahren arbeiten.	☐	☐
2	Jugendliche bis 15 Jahre dürfen nicht nach 18 Uhr arbeiten.	☐	☐
3	Von 15 bis 18 Jahren dürfen Jugendliche maximal 40 Stunden pro Monat arbeiten.	☐	☐
4	In den Schulferien dürfen sie auch am Sonntag und an Feiertagen arbeiten.	☐	☐

> wöchentlich = pro Woche
> täglich = pro Tag

21 Hören Sie die Ansagen und ergänzen Sie.

Püfung
32-34

Sie hören drei Ansagen am Telefon. Zu jedem Text gibt es eine Aufgabe. Ergänzen Sie die Telefonnotizen. Sie hören jeden Text zweimal.

1
Anne
Flug nach Tunis
Preis für Flug?
....

2
Alex
Wochenende Fahrt in die Berge
Treffen heute wo?
....

3
Frau Lang
Flug nach Basel
Abflug wann? ....
Ankunft wann? ....

Lernwortschatz

Arbeitswelt

Büro das, -s	....	Mehrwertsteuer die	....
Empfang der, ⸚e	....	Produkt das, -e	....
Export der, -e	....	Quittung die, -en	....
Fabrik die, -en	....	Überstunde die, -n	....
Import der, -e	....		
Kantine die, -n	....	außer Haus	....
Maschine die, -n	....		
Material das, Materialien	....	verbinden, hat verbunden	....

Handwerk

Gebäck das	....	backen, hat gebacken	....
Hammer der, ⸚	....		
Handwerker der, –	....		
Meister der, –	....		
Nagel der, ⸚	....		

Natur

Holz das, ⸚er	....	Wald der, ⸚er	....
Vogel der, ⸚	....		

Weitere wichtige Wörter

Medikament das, -e	....	aus·geben, du gibst aus, er gibt aus, hat ausgegeben	....
Meinung die, -en	....		
Rat der	....	aus·schalten, hat ausgeschaltet	....
Symbol das, -e	....		
Teil der, -e	....	beachten, hat beachtet	....
Test der, -s	....		
Typ der, -en	....	entscheiden, hat entschieden	....
an·bieten, hat angeboten	....	erkennen, hat erkannt	....
ab·schließen, hat abgeschlossen	....	folgen, ist gefolgt	....

merken,
    hat gemerkt ....

reden, hat geredet ....

sparen, hat gespart ....

spülen, hat gespült ....

stören, hat gestört ....

übersetzen,
    hat übersetzt ....

wählen,
    hat gewählt ....

ähnlich ....

betrunken ....

durchschnittlich ....

kompliziert ....

leicht ....

schwierig ....

gleichfalls ....

insgesamt ....

jede/jeder ....

möglichst ....

nachmittags ....

nachts ....

niemand ....

vorn ....

zu viel ....

so viel ....

wenn ....

Welche Wörter möchten Sie noch lernen?

....

....

....

....

....

....

....

....

....

....

....

....

....

....

....

....

....

Du isst zu viel und du **bewegst dich** zu wenig.

A1 | **1** **Ergänzen Sie.**

sich ● mich ● uns ● euch ● dich ● mich ● sich ● sich

a ● So geht das nicht! Du konzentrierst ....*dich*........... nicht.
  ■ Aber ich konzentriere .... doch.

b ▲ So geht das nicht! Ihr konzentriert .... nicht.
  ◆ Aber wir konzentrieren .... doch.

c ▼ So geht das nicht! Sie konzentrieren .... nicht.
  ▲ Aber ich konzentriere .... doch.

d ■ So geht das nicht! Er konzentriert .... nicht.
  ● Aber er konzentriert .... doch.

A1
Grammatik
entdecken
| **2** **Ergänzen Sie die Tabelle.**

ich	konzentriere	*mich*......	wir	konzentrieren	....
du	konzentrierst	....	ihr	konzentriert	....
er/es/sie	konzentriert	....	sie/Sie	konzentrieren	....

A3 | **3** **Was passt? Ordnen Sie zu.**

Er zieht die Kinder an. ● Sie ärgert ihren Bruder. ● Sie kämmt sich. ●
Er zieht sich aus. ● Er wäscht sich. ● Sie kämmt ihre Tochter. ● Sie ärgert sich. ●
Er zieht sich an. ● Er wäscht das Baby. ● Er zieht das Baby aus.

A

Er zieht die Kinder an..

B

Er zieht sich an..

C

....

D

....

E

....

F

....

G

....

H

....

I

....

J

....

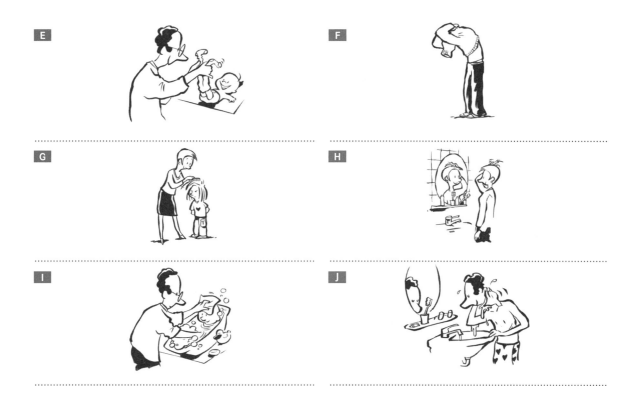

4 **Notieren Sie die Sätze aus Übung 3 im Lerntagebuch.**   LERNTAGEBUCH

jemand / etwas	sich
Er zieht die Kinder an.	Er zieht sich an.
...	...

5 **Mach jetzt endlich! Schreiben Sie Sätze.**

a umziehen (ihr)   *Zieht euch jetzt um!* ....

b waschen (ihr)   ....

c duschen (du)   ....

d kämmen (du)   ....

e anziehen (ihr)   ....

f bewegen (ihr)   *Los,* ....

6 **Im neuen Jahr ... Ergänzen Sie: *mich – dich – sich – uns – euch*.**

a Ich will *mich.* gesund ernähren.

b Willst du .... auch gesund ernähren?

c Sie wollen .... einfach besser fühlen.

d Er will .... nicht so viel ärgern.

e Wir wollen .... mehr bewegen.

f Wollt ihr .... auch mehr bewegen?

g Sie will .... mehr ausruhen.

A3 **7** **Gesund ins neue Jahr**

a **Schreiben Sie Sätze.**

1 mehr ausruhen *Ruhen Sie sich mehr aus!*

2 nicht zu warm anziehen

3 warm und kalt duschen

4 mehr bewegen

5 nicht so viel rauchen

b **Machen Sie die Sätze aus a höflicher mit:** *Sie sollten …*

Sie sollten sich mehr ausruhen. Sie sollten sich …

A3 **8** **Schreiben Sie Sätze.**

a duscht – sich – Sie – jeden Morgen *Sie duscht sich jeden Morgen* .

b Er – sich – immer über seinen Bruder – ärgert .

c sich – zieht – Sie – heute eine Hose – an .

d jeden Mittag ins Bett – legt – sich – Er .

e ernähre – ab heute – mich – Ich – gesund .

A3 **9** **Schreiben Sie die Sätze aus Übung 8 noch einmal. Beginnen Sie mit:**
jeden Morgen – immer – heute – jeden Mittag – ab heute.

a *Jeden Morgen duscht sie sich.* **b** *Immer ärgert …*

A3 **10** **Markieren Sie die Sätze aus den Übungen 8 und 9 wie im Beispiel.**

Sie *duscht* *sich* *jeden Morgen.*
Jeden Morgen *duscht* *sie* *sich.*

A3 **11** **Wie kann man gesund bleiben?**

a **Schreiben Sie Sätze.**

sich viel bewegen ● nicht rauchen ● nicht so fett essen ● sich nicht so viel ärgern ●
mehr Sport machen ● genug Obst und Gemüse essen ● sich warm und kalt duschen ●
sich nicht zu warm anziehen ● sich oft ausruhen ● viel spazieren gehen

Man kann gesund bleiben, *wenn man sich viel bewegt.*
wenn man nicht raucht.
…

b **Machen Sie eine Tabelle und tragen Sie die Sätze ein.**

| *Man kann gesund bleiben,* | *wenn man* | *sich* | *viel* | *bewegt.* |
| | *wenn man* | | *nicht* | *raucht.* |

A3 **12** **Meine Wünsche für das neue Jahr! Schreiben Sie.**

sich nicht so viel ärgern ● sich mehr bewegen ● sich mehr ausruhen ● sich gesund ernähren ●
spazieren gehen ● Sport machen ● weniger rauchen ● Konzentrationsübungen machen …

Ich fühle mich nicht so wohl und bin oft krank, weil ich mich so wenig bewege und mich
falsch ernähre. Im neuen Jahr möchte ich gesund leben: Ich möchte mehr Sport machen …

13 **Ergänzen Sie.**

sich … für ● euch … für ● sich … für ● uns … für ● sich … für ● dich … für ● sich … für

a Maria interessiert *sich* sehr *für* Mozart.

b Interessierst du .... auch .... Autos?

c Interessieren Sie .... auch .... Musik?

d Interessiert ihr .... nicht .... Sport?

e Wir interessieren .... nicht .... Fußball.

f Sie interessieren .... sehr .... Kinofilme.

g Er interessiert .... nicht .... Bücher.

14 **So kann man es auch sagen. Schreiben Sie Sätze.**

a Er – Kinofilme / Kinofilme sehen

b wir – Gymnastik / Gymnastik machen

c meine Freunde – Bücher / Bücher lesen

d Maria – Musik / Musik hören

e meine Freundin – Tennis / Tennis spielen

a *Er interessiert sich für Kinofilme.*
Er mag Kinofilme.
Er sieht gern Kinofilme.

b *Wir interessieren uns für …*

15 **Was passt? Ordnen Sie zu.**

a Heute Abend kümmere ich mich
Hast du Lust
Ich bin
Ich erinnere mich nicht mehr

mit meinem Auto nicht zufrieden.
an diese Person.
auf ein Stück Schokolade?
um die Kinder.

b Manchmal träume ich
Warten Sie auch
Ich verabrede mich nachher
Meine Tochter freut sich schon sehr

mit Klaus, o.k.?
von einem Urlaub in der Sonne.
auf den Bus nach Wiesbaden?
auf ihren zehnten Geburtstag.

c Sprichst du noch
Denkst du bitte
Ich ärgere mich immer
Morgen treffe ich mich
Hat er sich schon wieder

an die Blumen!
über mein Auto.
mit ein paar Freunden.
mit ihr?
über das Essen beschwert?

16 **Ergänzen Sie mit den Wörtern aus Übung 15.**

mit	auf	an	über	von	um
sich verabreden.					

17 **Schreiben Sie Sätze.**

a Ich – für andere Länder – interessiere – sehr – mich
Ich interessiere mich sehr für andere Länder. .

b an seinen Geburtstag – Ich – nie – denke

....

c habe – Heute – keine Lust – ich – auf Gymnastik

....

d sehr – Ich – freue – auf die Sommerferien – mich

....

B2 **18** **Was ist richtig? Kreuzen Sie an.**

a	Hast du dich gestern mit	☐ sie verabredet?	☒ ihr verabredet?
b	Ich erinnere mich gerne an	☐ dem Urlaub.	☐ den Urlaub.
c	Mein Mann träumt schon wieder von	☐ einem Auto.	☐ ein Auto.
d	Kümmerst du dich bitte um	☐ das Abendessen?	☐ dem Abendessen?
e	Wir warten jetzt schon seit zwei Stunden auf	☐ dem Zug!	☐ den Zug!
f	Er beschwert sich immer über	☐ die Arbeit!	☐ der Arbeit!

B2 **19** **Ergänzen Sie.**

a Was? Bist du wirklich heute *mit mir* verabredet? (ich)

b Ich muss immer .... denken! (du)

c Ich kann mich einfach nicht .... Tante von Otto erinnern.

d Manchmal träume ich .... (du)

e Leider kann ich mich morgen nicht .... treffen. (du)

f Kümmerst du dich heute Abend .... Kinder?

g Wie lange warten Sie schon .... Zug?

h Hast du dich sehr .... geärgert? (ich)

i Jetzt freue ich mich .... Pause.

B2 **20** **Ergänzen Sie.**

an • mit • auf • mich • dir • dich • von • auf • dir • von • dich • mich • mir • mir • mit • an

a ■ Erinnerst du dich *an mich* ?
● Natürlich erinnere ich mich .... !

b ▲ Hey, ich spreche .... !
■ *Mit* .... ? Ich habe nichts gehört.

c ▲ Du, ich warte schon seit Stunden .... !
■ *Auf* .... ? Wieso das denn?

d ● Hast du schon mal .... geträumt?
◆ Ja, ... träume ich auch manchmal!

B2 **21** **Was passt zu den Bildern? Schreiben Sie Sätze.**

warten • träumen • Weihnachten • treffen • du • Urlaub • ärgern • Freundin • sprechen • Kinder • freuen • Sie

A *Sie träumt von ihrem Urlaub* .

D Er *wartet auf seine Freundin,* .

B Sie *ärgern sich über die Kinder* .

E „Entschuldigung, kann ich mal *sprechen* .... ?"

C „Unsere Kinder *freuen sich auf Weihnachten* "

F „Ich möchte mich mal wieder *treffen* .... "

22 **Ihr Lerntagebuch.**

Machen Sie eine Liste im Lerntagebuch oder Lernkarten. Auf die Vorderseite der Karte schreiben
Sie Ausdrücke und Sätze aus Ihrem Alltag. Auf die Rückseite schreiben Sie die Sätze in Ihrer Sprache.

LERNTAGEBUCH

warten	*to wait*
warten auf	*to wait for*
Ich muss immer auf den Bus warten.	*I ...*

Phonetik
3 35 **23** **Hören Sie die Sätze zweimal und markieren Sie: Wo hören Sie ein *r*?**

Wir Männer interessieren uns nicht für Gymnastik.
Wir verabreden uns lieber mit unseren Freunden zum Kartenspielen,
zum Radfahren oder zur Sportschau im Fernsehen.

Lesen Sie laut.

Phonetik
3 36 **24** **Hören Sie und sprechen Sie nach.**

Regen ● Regel ● Regenschirm ● Reparatur ●
treffen ● trinken ● prima ● praktisch ●
sprechen ● Sprache ● Straße ● Stress ●
rot und rund ● grün und grau ● raus und rein ● rauf und runter

Phonetik
3 37 **25** **Was hören Sie? Unterstreichen Sie.**

a Reise – leise **b** richtig – wichtig **c** braun – blau **d** hart – Halt!
e Herr – hell **f** Rose – Hose

3 38 **Hören Sie und sprechen Sie nach.**

Reise – leise ● Rätsel – Lösung ● rechts – links ● grau – blau ●
groß – klein ● Herr – hell

Phonetik **26** **Was passt zusammen? Sprechen Sie wie in den Beispielen.**

Rose ● Fahrrad ● Freund ● Reise ● Grad ●
Sprache ● Rock ● Regenschirm ●
Reparatur ● Brötchen ● Nachricht

rot ● grün ● schwarz ● gelb ● blau ●
groß ● klein ● frisch ● dreißig ● elf ●
billig ● schwierig ● richtig ● lang ●
hell ● traurig ● interessant ● lustig

Leben ● Hotel ● Leute ● Film ● Lied ●
Lektion ● Kleid ● Bluse ● Lösung ●
Licht ● Bild

Die **R**ose ist **r**ot. Die **L**eute sind **l**ustig. Die **L**ösung ist **r**ichtig.
d**r**eißig G**r**ad Das **K**leid ist ... ...
... ...

[handwritten notes in top margin:] for what, thereafter / on/at which / for this / over what
for what / about that / at that,

C3 **27** **Ergänzen Sie.**

[handwritten note left margin:] "wo" is used instead of "was."

worauf ● darauf ● wofür ● woran ● darüber ● dafür ● daran ● worüber

a ● *Wofür* interessierst du dich?
   ▲ Für Tennis.
   ● *Dafür* interessiere ich mich eigentlich nicht so sehr.

b ■ Morgen fahren wir in den Urlaub. *Worüber* müssen wir noch denken?
   ◆ An das Geld. *Daran*
   ■ Sehr gut! *Darüber* habe ich gar nicht gedacht.

c ◆ Sag mal, *worüber* ärgerst du dich denn so?
   ● Über das schlechte Fußballspiel.
   ◆ Ach, das ist doch Quatsch! *Darüber* solltest du dich nicht ärgern!

d ■ Und *worauf* freust du dich jetzt?
   ◆ Auf die Pause!
   ■ Ja, *darauf* freue ich mich auch sehr.

[handwritten:] on it, afterwards / on it, against it

C3 **28** **Bilden Sie Wörter.**

[handwritten note left margin:] on what / on/at which / over what

a	wo + auf	= *worauf*	da + auf	= *darauf*	*aber:*	
b	wo + an	= *woran*	da + an	= *daran*	wo + für	= *wofür*
c	wo + über	= *worüber*	da + über	= *darüber*	da + für	= *dafür*

[handwritten:] over it

C3 **29** **Ergänzen Sie.**

a ● *Wofür* interessierst du dich? ⟶ ■ Für Bücher.
   ▲ *Woran* denkst du gerade? ⟶ ◆ An das Handballspiel gestern.
   ▼ *Worauf* freust du dich? ⟶ ■ Auf die Fußball-Saison.
   ● *Worüber* ärgerst du dich? ⟶ ▼ Über das schlechte Spiel.
   ■ *Woran* hast du dich gerade erinnert? ⟶ ▲ An unseren ersten Kuss.

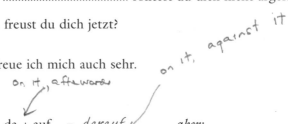

b Bücher? *Dafür* interessiere ich mich nicht.
   Die Blumen! *Daran* habe ich nicht gedacht.
   Gymnastik! *Dafür* habe ich keine Lust.
   Schlechtes Wetter! *Darüber* ärgere ich mich jedes Mal.
   Der erste Kuss! *Daran* erinnere ich mich gern.

C3 **30** **Ergänzen Sie.**

	da(r)-	wo(r)-... ?
sich freuen auf	*darauf*	*worauf?*
sich interessieren für	*dafür*	*Wofür*
sich ärgern über	*darüber*	*worüber*
sich erinnern an	*daran*	*woran*

31 **Silbenrätsel: Wie heißen die Sportarten? Ergänzen Sie.**

ball ● ball ● board ● dern ● Eis ● fah ● fah ● Fuß ● geln ● Golf ● Gym ● Hand ● hockey ● ~~Klet~~ ●
nas ● nis ● ren ● ren ● Se ● Ski ● Snow ● Tan ● Ten ● tennis ● ~~tern~~ ● tik ● Tisch ● Wan ● zen

a Klettern

f ....

j ....

b ....

g ....

k ....

c ....

h ....

l ....

d ....

i ....

m ....

e ....

32 **Sportlich, sportlich, Susi! Schreiben Sie.**

Mo	Di	Mi	Do	Fr	Sa	So
20 Uhr Fitness-Studio	18 Uhr mit Heidi joggen	7 Uhr Gymnastik	19 Uhr Tanzkurs	16 Uhr Schwimmen	10 Uhr Fitness-Studio Aerobic	8 Uhr Klettern

a Montags geht Susi ins Fitness-studio.   **e** ...

b Dienstags   **f** ...

c ...   **g** ...

d ...

33 **Was passt? Ordnen Sie zu.**

a Guten Tag, mein Name ist Henkel. Ist da Reisebüro Streller?

b Ich interessiere mich für einen Skiurlaub mit Skikurs.

c Das klingt interessant. Ich möchte Anfang Januar reisen. Wann kann man da fahren?

d Das geht. Und wie teuer ist das?

e Können Sie mir bitte Informationsmaterial zuschicken?

f Ja, Sie können mir eine Mail schicken. Meine Adresse ist anton.henkel@wub.com

g Das ist nett! Vielen Dank.

1 Gern, ich kann Ihnen einen Prospekt schicken oder einige Angebote zumailen.

2 Da gibt es verschiedene Angebote. Wir haben z.B. günstige Angebote in Österreich mit Hotel und Halbpension.

3 Gern geschehen.

4 Ja, da sind Sie richtig. Guten Tag. Was kann ich für Sie tun?

5 Gut, dann sende ich Ihnen die Angebote gleich zu.

6 Anfang Januar, Moment. Das geht nur für eine Woche, vom 2. bis zum 9. Januar.

7 Eine Woche mit Skilehrer gibt es schon ab 645 Euro pro Person. Der Skipass ist dann kostenlos.

D3 Prüfung **34** **Welche Anzeige passt? Ordnen Sie zu.**

Lesen Sie die Internetanzeigen a – h und die Aufgaben 1 – 5. Welche Anzeige passt? Für eine Aufgabe gibt es keine Lösung. Schreiben Sie hier den Buchstaben X.

a www.reisen-für-kids.de

Hip-Hop - mach mit!

Tanzlehrer der Chicago Dance School zeigen euch, wie es geht. *Jugendliche ab 16 Jahren*

Unterbringung in der Jugendherberge Leonstein

b www.hotel-stelzer.de

Wellness-Hotel Stelzer im sonnigen Bayern

Großes Freizeitangebot, Schwimmbad, Golf- und Tennisplätze am Haus.

Reitstunden auf Anfrage! All-Inklusive-Angebote

c www.hirsch-reisen.ch

Ski-Spaß im Wallis/Schweiz

Ski-Hütte St. Leonhard Am Tag Skifahren, am Abend an der Bar nette Leute treffen. Die Hütte liegt direkt im Skigebiet. Lift nur 100 m entfernt.

d www.wandern-in-deutschland.de

Wandern im Erzgebirge

Natur pur auf 197 Kilometern – an der deutsch-böhmischen Grenze. Entdecken Sie eine wunderschöne Ferienregion!

e www.segeltörn.de

Segeln am Müritzsee

Segeln für Anfänger und Fortgeschrittene im Herzen Mecklenburgs. Übernachtung in Hotels, Ferienhäusern oder -wohnungen

f www.dolomiten-italien.it

Abenteuer Dolomiten

Sommer-Bergspaß mit Mountain-Bike- und Kletter-Touren

Übernachtung in traditionellen Berghütten mit italienischem Flair

g www.schloss-kraiburg.at

Golfschule mit Golfkurs in Kärnten/Österreich

Golfen in herrlicher Landschaft am Millstätter See. Hotel Schloss Kraiburg, großes Wellness-Angebot. Günstige Saisonpreise.

h www. fußballcamp.de

Fußball-Camp Atterstedt

Sie machen Urlaub, Ihre Kinder spielen Fußball mit Profis. Übernachtung in günstigen Ferien-wohnungen

Beispiel

0   Sie lieben Italien und möchten dort Urlaub in den Bergen machen.

Situation	0	1	2	3	4	5
Anzeige	f					

1   Sie suchen einen Urlaub für Ihre Familie. Ihre Kinder möchten viel Sport machen.
2   Sie möchten im Winter Urlaub in der Schweiz machen, aber nicht Skifahren.
3   Sie suchen ein Hotel mit vielen Sport- und Freizeitmöglichkeiten.
4   Sie möchten im Urlaub Boot fahren.
5   Sie möchten eine deutsche Region kennen lernen und viel zu Fuß gehen.

35 **Was passt? Ordnen Sie zu.**

<u>a</u> machen   <u>c</u> fahren   einen Spaziergang @   Ski ☐   ins Fitness-Studio ☐
<u>b</u> gehen   <u>d</u> spielen   tanzen ☐   Urlaub ☐   Eishockey ☐   Gymnastik ☐   Handball ☐
                             ins Schwimmbad ☐   eine Reise ☐   mit dem Fahrrad ☐
                             spazieren ☐   eine Busfahrt ☐   Lärm ☐

36 **Fitness-Tipps für jeden Tag. Ordnen Sie zu.**

So bleiben Sie im Alltag fit!

<u>a</u> regelmäßig Bewegung

<u>b</u> täglich ein bisschen Sport machen

<u>c</u> Treppen steigen

<u>d</u> zur Arbeit laufen oder mit
dem Fahrrad fahren

<u>e</u> morgens Gymnastik machen

1 Aber ehrlich gesagt: Ich schlafe morgens noch ein bisschen.
2 Sport ist wichtig, das ist doch selbstverständlich.
   Aber jeden Tag? Das finde ich übertrieben.
3 Wenn ich ehrlich bin, nehme ich normalerweise das Auto.
4 Fitness ist wichtig. Das ist doch klar.
   Aber man kann es auch übertreiben.
5 Ehrlich gesagt, ich benutze lieber den Aufzug.

37 **Ich fühle mich gar nicht fit ...**
Schreibtraining
<u>a</u> **Lesen Sie die E-Mail und ordnen Sie zu.**

☐   Cc: susi-q@weg.web; lisa-m@hin.de

5   Betreff: Schreibt mal wieder

☐   Liebe Susi, liebe Lisa,

☐   tut mir furchtbar leid – ich habe euch schon lange nicht
mehr geschrieben, aber ich arbeite so viel! Ich habe wenig
Zeit und immer Termine. Und ich mache zu wenig Sport.
Ich fühle mich gar nicht fit ...
Wie geht es euch? Schreibt mir doch mal!

☐   Viele Grüße
☐   Hanna

1 Anrede
2 „Unterschrift"
3 Adresse
4 Gruß
5 Betreff
6 Text

<u>b</u> **Susis Antwort: Ordnen Sie die Antwort und schreiben Sie dann die E-Mail.**
Denken Sie an die Anrede, den Betreff, den Gruß und die „Unterschrift".

6 Und am Wochenende mache ich normalerweise lange Spaziergänge.
☐ Aber so bleibe ich fit:
☐ Und im Büro benutze ich nie den Aufzug. Ich gehe immer die Treppen zu Fuß hoch.
☐ Vielleicht gehen wir einmal zusammen spazieren? Hast du Lust?
☐ Ich verstehe dich gut! Bei mir ist es auch so: wenig Zeit und viel Arbeit.
☐ Wochentags gehe ich viel zu Fuß: in die Arbeit und wieder nach Hause.
☐ danke für deine Mail.

<u>c</u> **Lisas Antwort: Schreiben Sie eine E-Mail mit diesen Informationen.**
Denken Sie an die Anrede, den Betreff, den Gruß und die „Unterschrift".

jeden Morgen Gymnastik machen ● zu Fuß einkaufen gehen ● montags und freitags
ins Fitness-Studio ● am Wochenende joggen ● zusammen joggen gehen?

Sportarten

Aerobic das ....

Eishockey das ....

Golf das ....

Handball das ....

Tischtennis das ....

klettern, hat/
  ist geklettert ....

Snowboard fahren,
  du fährst, er fährt,
  ist gefahren ....

segeln, hat/
  ist gesegelt ....

wandern,
  ist gewandert ....

Wochentage

montags ....

dienstags ....

mittwochs ....

donnerstags ....

freitags ....

samstags/
  sonnabends ....

sonntags ....

Weitere wichtige Wörter

Alltag der ....

Aussage die, -n ....

Bewegung die, -en ....

Bus(fahrt) die, -en ....

Ergebnis das, -se ....

Herz das, -en ....

Lärm der ....

Lust (auf) die ....

Quatsch der ....

Saison die ....

benutzen,
  hat benutzt ....

denken an,
  hat gedacht ....

empfehlen,
  du empfiehlst,
  er empfiehlt,
  hat empfohlen ....

(runter)fallen,
  du fällst, er fällt,
  ist (runter)gefallen ....

laufen, du läufst,
  er läuft, ist gelaufen ....

lösen, hat gelöst ....

mit·machen,
  hat mitgemacht ....

mit·kommen,
  ist mitgekommen ....

sich ärgern (über),
  hat sich geärgert ....

sich aus·ruhen,
  hat sich ausgeruht ....

sich aus·ziehen, hat
  sich ausgezogen ....

sich beschweren (über),
  hat sich beschwert ....

sich bewegen,
  hat sich bewegt ....

sich erinnern,
   hat sich erinnert ....

sich ernähren,
   hat sich ernährt ....

sich freuen (auf),
   hat sich gefreut ....

sich fühlen,
   hat sich gefühlt ....

sich interessieren
   (für), hat sich
   interessiert ....

sich konzentrieren
   (auf), hat sich
   konzentriert ....

sich legen,
   hat sich gelegt ....

sich setzen,
   hat sich gesetzt ....

sich verabreden (mit),
   hat sich verabredet ....

steigen, ist gestiegen ....

träumen (von),
   hat geträumt ....

warten (auf),
   hat gewartet ....

(zu)senden,
   hat zugesendet ....

dünn ....

ehrlich ....

entfernt ....

fit ....

kostenlos ....

regelmäßig ....

schwach ....

selbstverständlich ....

sportlich ....

wahr ....

ein paar ....

genau ....

genug ....

inklusive ....

kaum ....

nachher ....

normalerweise ....

pro ....

zu wenig ....

außer Betrieb ....

Welche Wörter möchten Sie noch lernen?

....

....

....

....

....

....

....

....

....

A1 **1** **Wer sagt das? Ergänzen Sie.**

1

Kurt, 16 Jahre | Foto

2

Kurt, heute | Foto

a Ich will Abitur machen. ☑
b Ich durfte nicht studieren. ☐
c Ich wollte Abitur machen. ☐

d Ich wollte mit 16 noch nicht arbeiten. ☐
e Ich darf nicht studieren. ☐
f Ich will jetzt noch nicht arbeiten. ☐

A2 **2** **Mein Freund Edhem. Was ist richtig? Markieren Sie.**

Mein Freund Edhem kommt aus der Türkei, vom Land. Mit 15 Jahren konnte/wollte (**a**) er gern eine Ausbildung als Hotelfachmann machen, weil er sich immer sehr für Tourismus interessiert hat. Aber er durfte/musste (**b**) nicht. Sein Vater hat es nicht erlaubt. Er sollte/konnte (**c**) wie sein großer Bruder auf dem Bauernhof arbeiten. Das hat Edhem drei Jahre gemacht. Aber dann wollte/musste (**d**) er nicht mehr auf dem Land leben. Das war ihm zu langweilig und er ist zu einem Onkel nach Izmir umgezogen. Dort musste/durfte (**e**) er endlich eine Lehre als Hotelfachmann machen. Heute arbeitet er in einem Hotel und ist sehr glücklich.

A2 **3** **Ergänzen Sie.**

a Petra *wollte* früher unbedingt Ärztin werden, aber jetzt macht sie eine Ausbildung als Krankenschwester.

b Meine Tochter k................ gestern nicht in die Schule gehen, weil sie krank war.

c Sie d................ auch nicht mit ihren Freundinnen ins Schwimmbad gehen.

d Ich m................ mit zehn Jahren immer früh ins Bett gehen.

e Entschuldigen Sie bitte, aber ich k................ leider nicht früher kommen. Mein Zug hatte Verspätung.

f Jetzt ist es schon acht Uhr! Er s................ doch um fünf Uhr kommen, oder?

A3 **4** **Was sollte/wollte/musste Gerd diese Woche machen? Was hat er wirklich gemacht? Schreiben Sie Sätze.**

Zeitungen austragen ● im Haushalt helfen ● Fahrrad fahren ● Mathe lernen ● Skateboard fahren

a Montag: *Mathe lernen*

b Dienstag: *mit Erika Eis essen*

c Mittwoch: *Englisch lernen mit Mama*

d Donnerstag: *Kino mit Inge*

e Freitag: *Fußball*

Montag

Dienstag

Mittwoch

Donnerstag

Freitag

a *Gerd sollte am Montag Mathe lernen, aber er wollte lieber mit Freunden Fahrrad fahren.*
b *Am Dienstag wollte er ...*

5 Was ist richtig? Kreuzen Sie an.

		du	ihr	sie, Sie	
a	Wolltest	☒	☐	☐	auch den Film sehen?
b	Konntet	☐	☐	☐	alles verstehen?
c	Solltet	☐	☐	☐	jetzt nicht arbeiten?
d	Konnten	☐	☐	☐	das nicht erklären?
e	Durftest	☐	☐	☐	nicht mitkommen?
f	Wollten	☐	☐	☐	mit uns ins Kino gehen oder nicht?

6 Ergänzen Sie die Tabelle.

ich	*wollte*				
du			*solltest*		
er/es/sie		*konnte*			
wir					
ihr					*musstet*
sie/Sie				*durften*	

heute: **früher:**
ich will   ➔   ich wollte
ich möchte ➔ ⚠ ich wollte

7 Ergänzen Sie in der richtigen Form.

a | müssen ● möchten ● wollen |

▲ Wo ist denn Sabine? *Wollte* .... sie nicht ins Kino mitkommen?

● Doch, natürlich .... sie. Es war ja ihre Idee. Aber sie .... heute leider länger im Büro bleiben.

b | wollen ● dürfen ● müssen ● wollen |

▲ Warum haben Sie denn nicht studiert? Sie haben doch Abitur gemacht! .... Sie nicht oder .... Sie nicht studieren?

● Ich .... schon, aber meine Eltern hatten nicht genug Geld und ich .... eine Ausbildung als Krankenschwester machen. Aber heute finde ich das einen schönen Beruf und bin zufrieden.

c | können ● dürfen |

▲ Warum bist du denn gestern nicht zu Ginas Geburtstagsparty gekommen? Hat es dein Vater nicht erlaubt?

● Doch. Ich .... schon, aber ich .... leider nicht kommen, weil wir im Sportverein unser Sommerfest hatten.

A4   <u>8</u>   Das Leben von Lars. Lesen und schreiben Sie.

Lars (geboren 1950)

1956: Lars will Fußballspieler werden.

1964: Lars muss mit seinen Eltern in eine andere Stadt umziehen.

1966: Lars will eine Lehre als Mechaniker machen, aber er darf nicht.
        Seine Eltern sagen, er soll eine Lehre als Exportkaufmann machen.

1969: Lars hat die Lehre beendet und will Abitur machen.

1972: Lars hat Abitur gemacht und darf studieren.

1977: Lars kann endlich als Mathematiker arbeiten.

Als Kind .... Lars ....

Als Jugendlicher ....

....

Mit 16 Jahren .... ,

aber er .... Er .... eine Lehre als Exportkaufmann

....

Nach der Lehre ....

Mit 22 Jahren .... und er

.... Als Erwachsener ....

....

A4   <u>9</u>   **Jugendliche früher und heute.**

Fragen Sie Ihre Partnerin / Ihren Partner und machen Sie Notizen. Berichten Sie dann einer anderen Person in der Klasse: Sie/Er durfte/konnte/musste (nicht) ...

Musstest du mit 13 Jahren ...?	mit Freunden in die Disko gehen
Durftest du mit ... Jahren ...?	jeden Abend zum Essen zu Hause sein
Konntest du mit ... Jahren ...?	deiner Mutter bei der Hausarbeit helfen
	um 22 Uhr pünktlich zu Hause sein
	auf Partys gehen
Ja, ich musste ...	mit Freunden in Urlaub fahren
Nein, ich musste nicht ...	dich um deine Geschwister kümmern
Ja, ich durfte ...	mit deiner Freundin / deinem Freund ein Wochenende
Nein, ich durfte nicht ...	allein wegfahren

10 **Was passt? Ordnen Sie zu.**

a Es ist wichtig,   dass ich in Berlin studieren kann.
b Ich finde,   dass du schon wieder krank bist.
c Ich bin sehr froh,   dass junge Leute einen Beruf lernen.
d Es tut mir sehr leid,   dass er zu wenig für die Schule lernt.

11 **Ordnen Sie zu und ergänzen Sie.**

Es tut mir leid ● Ich finde ● Es ist wichtig ● Ich bin glücklich ● Ich glaube ● Ich bin froh

a *Ich glaube* .... / ...., dass du zu viel arbeitest.
b ...., dass du nicht mit uns in Urlaub fahren kannst.
c ...., dass du immer pünktlich bist.
d .... / ...., dass du endlich wieder zu Hause bist.

12 **Ergänzen Sie die Tabelle.**

a Mutter: In Mathe war ich eine gute Schülerin.   c Sohn: Englisch ist langweilig.
b Vater: Ein gutes Zeugnis ist wichtig.   d Lehrerin: Du musst mehr Grammatik üben.

a	Meine Mutter sagt,	dass	*sie in Mathe immer sehr gut*	*war* .
b	Mein Vater meint,	dass	....	....
c	Mein Sohn findet,	dass	....	....
d	Die Lehrerin sagt,	dass	....	....

13 **Schreiben Sie Sätze.**

a studieren – ich – durfte
Ich bin froh, dass ....

b ist – wichtig – eine gute Ausbildung
Ich finde, dass ....

c du – im – hast – Zeugnis – schlechte Noten
Es tut mir leid, dass ....

d fleißig – bist – du
Ich weiß, dass ....

e lernen – ein bisschen mehr – kannst – du
Aber ich bin sicher, dass ....

f können – unsere Kinder – besuchen – eine gute Schule
Wir sind glücklich, dass ....

14 **Notieren Sie im Lerntagebuch. Ordnen Sie.**

Es ist wichtig ● Schön/Ärgerlich ● Es ist möglich ● Ich freue mich ● Ich glaube ● Ich meine/denke/finde ●
Es tut mir leid ● Ich weiß ● Ich finde es seltsam/interessant ● Wie peinlich ● Ich bin sicher ●
Ich bin froh/glücklich/zufrieden ● Es ist selbstverständlich ● Anna hat gesagt ● Schade

LERNTAGEBUCH

Gefühle ausdrücken	seine Meinung sagen
Schön/Ärgerlich, dass ...	Es ist wichtig, dass ...

Wiederholung
*Schritte int. 3
Lektion 1 und
Lektion 4*

15 **Schule und Arbeit. Schreiben Sie.**

a Ich gehe gern in die Arbeit, wenn ....

b Ich arbeite heute nicht, weil ....

c Ich finde, dass Lehrer ....

d Wir sind so froh, dass unser Bruder ....

e Du musst die Klasse wiederholen, wenn du ....

f Ich will mir eine neue Arbeit suchen, weil ....

g Glauben Sie nicht, dass .... ?

h Ich bin heute früh zu spät gekommen, weil ....

i Ich freue mich sehr, wenn ....

B4 Phonetik
CD3 39 | ▣

16 **Hören Sie und markieren Sie: Wo hören Sie den *ich*–Laut?**

■ Du lernst zurzeit sehr wenig!
◆ Das ist ja auch so langweilig und total unwichtig.
■ So, und was ist denn dann wichtig?
◆ Dass ich endlich in der Fußballmannschaft so
   richtig mitspielen darf.

■ Aha, natürlich! Und …
◆ Entschuldige, Papa, ich hab's eilig.
   Es ist schon zwanzig nach zwei!
   Ich muss pünktlich sein.

Sprechen Sie.

B4 Phonetik
CD3 40 | ▣

17 **Hören Sie und ergänzen Sie: *-ig* oder *-ich***

glück*lich* ● lust.......... ● traur.......... ● freundl.......... ● ruh.......... ● höfl.......... ● led.......... ●

eil.......... ● selbstständ.......... ● schwier.......... ● langweil.......... ● günst.......... ● bill..........

Schreiben Sie Sätze.
Du siehst sehr glücklich aus. Der Film war lustig. …

B4 Phonetik
CD3 41 | ▣

18 **Hören Sie und sprechen Sie nach.**

nach Frankfurt ● zum Frühstück ● am Anfang ● dein Brief ● mein Vater ●
im Verein ● dein Vorname ●
eine Woche ● in der Wohnung ● im Wasser ● aus aller Welt ● im Winter ●
das Gewicht ● herzlichen Glückwunsch ●
Ich freue mich wirklich sehr auf Freitag. ● Wie viele Kartoffeln willst du? ●
Am Freitag und am Wochenende spiele ich im Verein.

B4 Phonetik
CD3 42 | ▣

19 **Was hören Sie? Unterstreichen Sie.**

Wein – Bein ● wir – Bier ● Wald – bald ● Wort – Brot ● Wecker – Becher

B4 Phonetik
CD3 43 | ▣

20 **Hören Sie und sprechen Sie leise. Wie oft hören Sie *w*, wie oft *b*? Tragen Sie ein: *1x*, …**

a w *3x* b *✓*   **c** w .... b ....   **e** w .... b ....
b w .... b ....   **d** w .... b ....   **f** w .... b ....

CD3 44 | ▣
Hören Sie noch einmal und sprechen Sie laut.

B4 Phonetik
CD3 45 | ▣

21 **Hören Sie und sprechen Sie nach.**

Ab wann wollen Sie die Wohnung mieten? ● Würden Sie mir bitte das Wasser geben? ●
Das ist ein Bild von Barbaras Bruder. ● Warum willst du nach Berlin fahren? ●
Wie viele Buchstaben hat das Wort?

22 Sehen Sie das Schema aus dem Kursbuch, Seite 62, C1, noch einmal an. Kreuzen Sie an: richtig oder falsch?

		richtig	falsch
a	Mit drei Jahren müssen alle Kinder in den Kindergarten gehen.	☐	☐
b	Alle Kinder müssen in die Grundschule gehen.	☐	☐
c	Nach der Grundschule kann man auf die Hauptschule, die Realschule, das Gymnasium oder die Gesamtschule gehen.	☐	☐
d	Die Hauptschule geht bis zur 9. oder 10. Klasse. Danach kann man einen Beruf lernen und zur Berufsschule gehen.	☐	☐
e	Nach dem Hauptschulabschluss kann man studieren.	☐	☐

23 Meinungen zum Thema Schule. Was sagen Sohn, Mutter und Opa? Schreiben Sie.

Schule ist oft langweilig. – Lehrer sollen nicht so viel Hausaufgaben geben. – Es gibt zu wenig Sportunterricht.

Alexander findet, dass ... . Er denkt, dass ... .
Auch findet er schlecht, dass ...

Alexander Emmerich

Lehrer sollten streng sein. – Es gibt zu wenig Unterricht in den Fächern Kunst und Musik. – Die Noten sollen nicht so wichtig sein.

Seine Mutter meint, dass ... . Sie findet schlecht, dass ...
Sie denkt, dass ...

Michaela Emmerich

Schule ist heute besser als früher. – Lehrer sind zum Glück nicht mehr so streng. – Schüler arbeiten mehr in Partnerarbeit und Gruppen zusammen.

Sein Opa glaubt, dass ... . Zum Glück ... . Er findet gut, dass ...

Franz Emmerich

24 Welches Wort passt nicht? Streichen Sie.

a Englisch – Sport – Deutsch – Spanisch
b Realschule – Gymnasium – Kindergarten – Hauptschule
c Unterricht ist: interessant – langweilig – toll – froh
d Berufsschule – Fachhochschule – Handwerk – Universität
e Zeugnis – Note – Krippe – Fach

C3
Schreibtraining

25 **Sprachunterricht hier und dort**

a **Ordnen Sie die Sätze.**

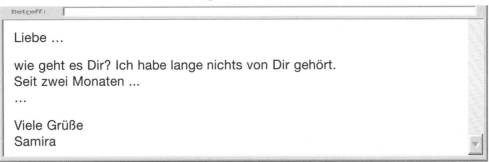

Betreff:

☑ Ich freue mich jeden Morgen auf die Schule, weil ich einen sehr netten und lustigen Lehrer habe. Die Deutschlehrer in meiner Heimat waren nicht so nett. Sie waren streng.

☐ Bitte schreib mir bald! Ich freue mich auf eine Antwort von Dir.

☑ Ich mache seit zwei Monaten einen Deutschkurs in Wien.

☐ Wir sprechen auch viel Deutsch im Unterricht und machen häufig Gruppenarbeit. Das macht so viel Spaß!

☐ Ich finde das nicht so gut. Denn man lernt eine Sprache leichter, wenn die Lehrer freundlich sind, oder?

☐ Wie war der Sprachunterricht in Deiner Schule?

b **Schreiben Sie nun die E-Mail. Beginnen Sie die Sätze mit den markierten Wörtern aus a.**

Betreff:

Liebe …

wie geht es Dir? Ich habe lange nichts von Dir gehört.
Seit zwei Monaten …
…

Viele Grüße
Samira

C3
Schreibtraining

26 **Antworten Sie Samira. Schreiben Sie.**

- Dank ~~für die~~ E-Mail
- Wo sind Sie zur Schule gegangen?
- Was war Ihr Lieblingsfach?
- Wie war Ihre Lehrerin / Ihr Lehrer?
- War ihr/sein Unterricht lustig/langweilig/interessant?

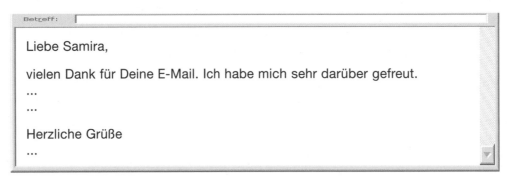

Betreff:

Liebe Samira,

vielen Dank für Deine E-Mail. Ich habe mich sehr darüber gefreut.
…
…

Herzliche Grüße
…

27 **Was passt wo? Ordnen Sie zu.**

das Gymnasium ● der Angestellte ● der Arbeitnehmer ● die Grundschule ● die Bewerbung ●
das Fach ● das Abitur ● der Arbeitsplatz ● die Lehre ● der Lohn ● die Gesamtschule ●
der Auszubildende ● die Note ● die Kündigung

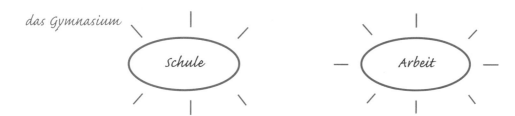

28 **Was passt? Ordnen Sie zu.**

a Geld	teilnehmen
b eine Datei	bekommen
c an einem Kurs	speichern
d ein Angestellter	interessieren
e Lohn	rufen
f sich für Politik	haben
g recht	sein
h den Notarzt	verdienen

29 **Welches Wort passt nicht? Streichen Sie.**

a Politik – Lehre – Wirtschaft – Technik
b Arbeitgeber – Arbeitsplatz – Einführung – Arbeitnehmer
c Auszubildender – Lehre – Bewerbung – Beratung
d Kultur – Kündigung – Bewerbung – Arbeitsplatz

30 **Ergänzen Sie.**

Voraussetzung ● Bewerbung ● Ärger ● Erfahrung ● Einführung ● Angst ● Kontakt

a Wenn Sie sich für die Stelle interessieren, dann schicken Sie bitte Ihre *Bewerbung* bis
zum 31.1. per E-Mail an buywohaus@email.de.

b Für diese Stelle in der Bank sind sehr gute Englischkenntnisse eine wichtige
....

c Vor einem Bewerbungsgespräch habe ich immer .... und bin sehr nervös.

d Hattest du schon mal .... mit deiner Chefin? – Nein, noch nie.

e Morgen um 15 Uhr gibt uns Herr Meyer eine .... in das neue
Computerprogramm.

f Haben Sie schon .... mit Excel?

g Haben Sie noch .... zu den Kollegen aus der alten Firma?

D2

31 Sie melden sich für den Kurs Nr. 9 aus dem Kursbuch, Seite 63, D1 an. Füllen Sie das Formular aus.

Anmeldung

Füllen Sie dieses Formular bitte in Druckbuchstaben aus und senden Sie es an uns zurück.

Herr ☐ Frau ☐

Kurs

Familienname	Vorname	
Straße	PLZ, Ort	
Land	Beruf	Staatsangehörigkeit
Geburtsdatum	Geburtsort	Geburtsland
Telefonnummer	Faxnummer	E-Mail

D2 Prüfung **32** Vom Lehrling zum Firmenchef

a Welche Schulen hat Werner Niefer besucht? Lesen Sie und markieren Sie.

Gymnasium ● Hauptschule ● Universität ● Realschule ●
Fachoberschule ● (Grundschule) ● Gesamtschule ● Fachhochschule

Unsere Serie: „Vom Lehrling zum Firmenchef"
Heute: Werner Niefer, Vorstandsvorsitzender Mercedes-Benz AG von 1989 bis 1993

Werner Niefer hat nie ein Gymnasium besucht. Und doch ist er Chef von dem Weltunternehmen Mercedes-Benz geworden.

Niefer kommt 1928 in Plochingen bei Stuttgart zur Welt. Dort besucht er die Grund- und Hauptschule. Von seinen Brüdern wird einer Koch, der andere übernimmt das Gasthaus der Eltern. Niefer selbst macht nach der Hauptschule von 1943 bis 1946 bei Mercedes in Stuttgart eine Lehre als Werkzeugmacher. Diese Lehre beendet er mit so guten Noten, dass er auch ohne Abitur die Fachhochschule besuchen darf. Zwischen 1948 und 1952 studiert Niefer Maschinenbau in Esslingen.
Nach dem Studienabschluss geht Niefer zurück in seine alte Firma und macht dort schnell Karriere: 1969 wird er Geschäftsführer der Motoren- und Turbinen Union (MTU), 1976 Chef der „Produktion Personenwagen" für das In- und Ausland und 1989 schließlich Vorstandsvorsitzender.

Werner Niefer stirbt 1993 in Stuttgart.

b Richtig oder falsch? Kreuzen Sie an.

	richtig	falsch
1 Werner Niefer hat eine Ausbildung als Koch gemacht.	☐	☐
2 Nach der Lehre hat er das Fachabitur gemacht.	☐	☐
3 Er hat sein Studium beendet.	☐	☐
4 1976 ist er Chef für die Produktion von Personenwagen in der ganzen Welt geworden.	☐	☐

33 **Wer macht was? Ordnen Sie zu.**

1 etwas in einem Mietshaus reparieren● **2** Kunden helfen● **3** unterrichten● **4** Pläne für
Häuser zeichnen● **5** kranken Menschen helfen● **6** Artikel für Zeitungen oder Zeitschriften schreiben

a Verkäufer/in: ☐   **c** Arzt/Ärztin: ☐   **e** Lehrer/in: ☐
b Architekt/in: ☐   **d** Hausmeister: ☐   **f** Journalist/in: ☐

34 **Traumjob gefunden! Lesen Sie die Texte und raten Sie: Welche Berufe haben die
Personen?**

 Ich habe schon als Jugendlicher das Theater toll gefunden. In meinem Gymnasium
war ich in einer Theatergruppe. Das hat mir sehr viel Spaß gemacht. Mein Vater ist
Anwalt und er wollte natürlich, dass ich Jura studiere und einen „richtigen" Beruf
lerne. Aber das hat mich überhaupt nicht interessiert.
Meine Welt war und ist das Theater und mein Hobby ist mein Beruf geworden. Das finde ich einfach schön!

Er ist .... von Beruf.

 Für mich war immer klar: Studieren und an die Universität gehen – das ist nichts
für mich! Lernen habe ich schon immer gehasst. Ich will lieber reisen und etwas von
der Welt sehen! Das war schon immer mein Wunsch!
Für meinen Beruf braucht man nur eine kurze Ausbildung. Die wichtigste Voraussetzung ist, dass man gute Fremdsprachenkenntnisse hat und immer freundlich ist. Und ich habe
gern Kontakt mit Menschen aus verschiedenen Kulturen. Das gefällt mir!

Sie ist .... von Beruf.

 Ich habe insgesamt fünfeinhalb Jahre an der Universität studiert. Das war schon
eine lange Zeit. Aber ich wollte unbedingt diesen Beruf lernen. Jetzt bin ich fertig
mit dem Studium und habe auch schon eine Stelle gefunden.
Ich möchte Menschen helfen, wenn sie krank sind. Vielleicht arbeite ich später auch
mal ein paar Jahre in Afrika. Das ist mein Traum!

Sie ist .... von Beruf.

35 **Berufe raten: Mein Traumberuf**

Schreiben Sie einen kurzen Text. Arbeiten Sie auch mit dem Wörterbuch.
Geben Sie Ihren Text Ihrer Partnerin / Ihrem Partner. Sie/Er muss den Beruf raten.

In meinem Traumberuf arbeite ich ...	abends● nachts● auch am Wochenende● jeden Tag● ...
Meine Arbeitszeit ist ...	von ... bis ...● flexibel● ...
Meine Arbeit ist ...	schwer● leicht● lustig● kreativ● ...
Meistens arbeite ich ...	allein● zusammen mit Kollegen● viel mit dem Kopf / mit den Händen● ...
Ich arbeite ...	draußen● in einem Büro● ...
Oft/Manchmal muss ich ...	
(...)	

Ausbildung und Beruf

Angestellte der/
die, -n ....

Anwalt der, ⸚e ....

Anwältin die, -nen ....

Arbeitgeber der, – ....

Arbeitnehmer der, – ....

Arbeitsplatz der, ⸚e ....

Auszubildende der/
die, -n ....

Bauer der, -n ....

Bäuerin die, -nen ....

Bewerbung die, -en ....

Kündigung die, -en ....

Lehre die, -n ....

Lohn der, ⸚e ....

Mechaniker der, – ....

Mechanikerin die,
-nen ....

Schauspieler der, – ....

Schauspielerin die,
-nen ....

Schulfächer

Mathe(matik) die ....

Physik die ....

Chemie die ....

Biologie die ....

Geschichte die ....

Kunst die ....

Kindergarten und Schule

Krippe die, -n ....

Kindergarten der, ⸚ ....

Grundschule
die, -n ....

Gesamtschule
die, -n ....

Gymnasium das,
Gymnasien ....

Hauptschule die, -n ....

Realschule die, -n ....

Berufsschule die, -n ....

Abitur das ....

Fach das, ⸚er ....

Note die, -n ....

Zeugnis das, -se ....

Gesundheit

Körper der, – ....

Notarzt der, ⸚e ....

bluten, hat geblutet ....

verletzt ....

Weitere wichtige Wörter

Ärger der ....

Angst die, ¨e ....

Beratung die, -en ....

CD-ROM die, -s ....

Einführung die, -en ....

Erfahrung die, -en ....

Frühjahr das ....

Gegenteil das ....

Gesellschaft die, -en ....

Kontakt der, -e ....

Kultur die, -en ....

Plan der, ¨e ....

Politik die ....

Sorge die, -n
  sich Sorgen
  machen ....

Technik die ....

Wirtschaft die ....

Wunsch der, ¨e ....

Voraussetzung die,
  -en ....

drucken,
  hat gedruckt ....

erreichen,
  hat erreicht ....

hassen, hat gehasst ....

Interesse haben (an),
  hat gehabt ....

recht haben,
  hat gehabt ....

speichern,
  hat gespeichert ....

teil·nehmen (an),
  du nimmst teil,
  er nimmt teil,
  hat teilgenommen ....

überlegen,
  hat überlegt ....

verändern,
  hat verändert ....

verdienen, hat verdient ....

vergessen, du vergisst,
  er vergisst,
  hat vergessen ....

faul ....

fleißig ....

intelligent ....

reich ....

schriftlich ....

verschieden ....

anscheinend ....

dass ....

Welche Wörter möchten Sie noch lernen?

....

....

....

....

....

A1 | **1** | **Alle haben Geburtstag. Was kann man schenken? Schreiben Sie.**

meinem ● ihren ● ihrem ● unseren ● eurem ● seiner

a Bruder – einen Fußball   Ich schenke *meinem Bruder einen Fußball* .

b Schwester – ein Buch   Er schenkt ....

c Eltern – eine Reise   Wir schenken ....

d Bruder – ein Bild   Sie schenkt ....

e Hund – eine Wurst   Ihr schenkt .... ?

f Großeltern – eine Einladung   Sie schenken ....
zum Essen   ....

A1
Grammatik
entdecken | **2** | **Ergänzen Sie die Tabelle.**

	Bruder	Enkelkind	Schwester	Eltern
Das ist/sind	*mein ...*			.
Ich sehe	*meinen ...*			morgen.
Ich schenke	*meinem ...*			nichts!

Wiederholung
Schritte int. 2
Lektion 13 | **3** | **Ergänzen Sie: *mir – dir – ihm – ihr – uns – euch – ihnen – Ihnen*.**

a Morgen kaufe ich ...*mir*... ein Fahrrad!

b Schreibst du .... eine Karte aus dem Urlaub?
Ich schreibe .... auch eine Karte.

c ▲ Gehört das Auto ....?
■ Nein, wir haben es nur geliehen.

d ● Und wie finden Thomas und Sybille das
Computerspiel?
◆ Das gefällt .... gut.

e ▲ Papa, hast du .... etwas mitgebracht?
■ Ja, Kinder, das habe ich.

f In zwei Tagen hat meine Freundin
Geburtstag. Da backe ich .... einen
Kuchen.

g Mein Bruder braucht schon wieder Geld.
Kannst du .... etwas leihen?

h Herr Schmitt, gehört diese Tasche ....?

A2 | **4** | **Wünsche und Geschenke.**

a **Wer wünscht sich was? Ordnen Sie zu.**

ein Spiel ● ein Computerspiel ● eine CD ● ein Fahrrad ● ein Kochbuch ● einen Fußball

1 *eine CD* ....

2 ....

3 ....

4 ....

5 ....

6 ....

b **Wem schenken Sie was? Schreiben Sie.**

1 Ich schenke *ihm eine CD* .   **4** Ich schenke ....

2 Ich schenke ....   **5** Ich schenke ....

3 Ich schenke ....   **6** Ich schenke ....

ederholung
ritte int. 2
tion 13

5 **Ergänzen Sie in der richtigen Form.**

gefallen ● schmecken ● passen ● gehören ● helfen ● stehen

▲ Kann ich Ihnen ....?
● Schauen Sie nur, dieses Kleid!
▲ *Gefällt.* es Ihnen nicht? Wir haben auch noch andere Kleider.
● Nein, es .... mir nicht. Es ist zu klein. Haben Sie noch andere Größen?
▲ Ja ... hier. Das .... Ihnen bestimmt gut.

▼ Was ist denn los, Kinder?
■ Die Suppe .... uns nicht. Papa kocht viel besser.

Wem .... diese Schuhe hier?

6 **Schreiben Sie Sätze.**

a kocht – Hans – eine Suppe – seinen Kindern   *Hans kocht seinen Kindern eine Suppe* .
b mir – Ich – einen Salat – bestelle   *Ich* .
c Blumen – bringt ... mit – Meine Freundin – mir   ....
d schenkt – ihrer Oma – Sie – Schmuck   ....
e du – noch ein Stück Kuchen – Gibst – mir   .... ?

7 **Ordnen Sie die Satzteile aus Übung 6 zu. Markieren Sie: Wer? (Nominativ) = blau, Wem? (Dativ) = gelb und Was? (Akkusativ) = grün.**

kochen
bestellen

...

WER?
Hans
Ich

WEM?
seinen Kindern
...

WAS?
eine suppe

ederholung

8 **Ergänzen Sie das Kreuzworträtsel.**

1 Ich habe kein Geld mehr! Kann ich mir mal zehn Euro (1)?
2 Wie findest du das Kleid? (2) es mir?
3 Die Tasche ist so schwer. Komm, (3) mir mal!
4 Diese Schuhe sehen nicht gut aus. Sie (4) mir nicht.
5 Ich (5) dir alles Gute zum Geburtstag.
6 Ich habe im Hof Schuhe gefunden. Wem (6) die?
7 Wir brauchen noch Butter. Kannst du mir eine (7)?
8 Die Schuhe sind zu klein, sie (8) mir nicht.
9 Die Suppe (9) uns heute gar nicht!

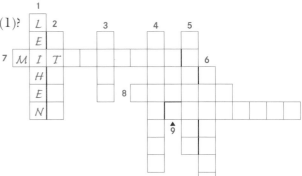

A4 | **9** | **Notieren Sie im Lerntagebuch.**

Lernen Sie die Ausdrücke aus dieser Lektion. Schreiben Sie Beispiele aus Ihrem Alltag dazu. Schreiben Sie wieder: Wer?/Was? (Nominativ) = blau, Wem? (Dativ) = gelb und Was? (Akkusativ) = grün.

LERNTAGEBUCH

	WER? (Person 1) WAS? (Sache)		WEM? (Person 2)	
helfen	Ich	helfe	dir.	
gefallen	Das Sofa	gefällt	mir.	
gehören				
passen				
stehen				
schmecken				
	WER? (Person 1)		WEM? (Person 2)	WAS? (Sache)
geben	Du	gibst	mir	den Schlüssel.
schenken	Ich	…		

A4 Phonetik **CD3** 46-49 | **10** | **Hören Sie und sprechen Sie nach, zuerst langsam, dann schnell.**

a Hoch•zeits•tag – Hochzeitstag●Weih•nachts•fest – Weihnachtsfest● Ge•burts•tags•ge•schenk – Geburtstagsgeschenk

b Herzlichen Glückwunsch zum Hochzeitstag.

c Alles Gute zum Geburtstag, das wünschen wir dir.

d ▲ Was schenkst du mir zum Geburtstag?

● Was wünschst du dir denn?

▲ Schenkst du mir einen selbst gebackenen Kuchen?

A4 Phonetik | **11** | **Was passt zusammen? Suchen Sie Wörter. Sprechen Sie zuerst langsam, dann schnell:** *Geburtstagskuchen, Geburtstags ...*

zeits burts kleid par
Ge te ku fei
Hoch tags fest ty
kar chen er

A4 Phonetik **CD3** 50 | **12** | **Hören Sie und sprechen Sie nach.**

Schmerzen – Kopfschmerzen●schreiben – Kugelschreiber●sprechen – Fremdsprache●zwanzig – achtundzwanzig●Schreibst du mir schnell?● Zwei mal zwei und acht sind zwölf.●Zwanzig Schweizer schwimmen im Schwarzen Meer.

Was soll ich denn mit dem Bild? – Na was wohl?
Du gibst **es ihr**.

B   7

ederholung
hritte int. 2
ktion 13 und
ktion 14

13 **Ergänzen Sie die Tabelle.**

	Ich kenne …	Wer gibt … zehn Euro?		Ich kenne …	Wer gibt … zehn Euro?
ich	*mich*		wir		
du			ihr		
er			sie/Sie		*ihnen / Ihnen*
es					
sie		*ihr*			

14 **Ersetzen Sie die unterstrichenen Wörter durch: *ihn – es – sie*.**

a Ich habe meinem Bruder einen Fußball geschenkt.

Ich.habe.ihn.meinem.Bruder.geschenkt. ....

b Hast du deiner Schwester das Geld zurückgegeben?

Hast.du .... ?

c Können Sie mir diesen Fotoapparat wirklich empfehlen?

.... ?

d Kannst du mir dein Motorrad leihen?

.... ?

e Ich schreibe dir seine Adresse auf.

....

f Kannst du mir einen Salat bestellen?

.... ?

15 **Ergänzen Sie.**

a ▲ Hier sind die Pralinen für Oma. Bringst du .*sie.ihr*.................... bitte mit?

  ● Klar, mache ich.

b ■ Hast du Paul die Geldbörse schon zurückgegeben?

  ● Ja, ich habe .... gestern gebracht.

c ▼ Du, du hast doch ein Auto. Kannst du .... morgen leihen?

  ● Tut mir leid, morgen brauche ich es leider selbst.

d ◆ Können Sie mir bitte die Creme einpacken?

  ■ Natürlich, einen Moment bitte. Ich packe .... gleich ein.

e ■ Können Sie mir die Telefonnummer von Frau Wagner geben?

  ● Ja, das ist die 2014980.

  ■ Moment, ich muss .... aufschreiben.

f ▼ Wir haben die Hausaufgabe leider nicht verstanden.

  ■ Kein Problem, ich kann .... noch einmal erklären.

B2 **16** Empfehlungen für ein Restaurant. Schreiben Sie.

a ▲ Ist das Parkhotel Krämer gut?

● Das Parkhotel Krämer? *Ich kann es Ihnen sehr empfehlen!* ....

b ▲ Wie ist dort die Gemüsesuppe?

● Sehr gut! Ich kann *sie* ....

c ▲ Und wie ist da der Fisch?

● Sehr frisch. Ich kann ....

d ▲ Und wie schmecken die Salate?

● Gut. Ich kann ....

B3 **17** Ergänzen Sie.

a ▼ Wo ist denn der Kugelschreiber?

● Moment, ich gebe *ihn dir* .... gleich.

b ■ Wie funktioniert denn dieses Gerät?

▲ ....

c ● Ich will aber dieses Computerspiel!

▼ Du musst .... Von mir bekommst du kein Geld.

d ■ Wo ist denn die Schere?

▲ Moment, ich ....

e ◆ Papa, unser Ball liegt auf dem Dach!

■ Wartet, ich ....

f ▼ Und wir nehmen eine Pizza.

● Gern, ich ....

B3 Phonetik **18** **So spricht man meistens und so schreibt man. Hören Sie und sprechen Sie nach.**
CD3 51-55 **Ergänzen Sie dann.**

a ▲ Was soll ich denn mit dem Bild?

● Du gibst's ihr. ⬛⬛⬛ Du gibst .... ihr.

b ▼ Gibst du mir bitte das Glas dort?

■ Hol's dir bitte selbst. ⬛⬛⬛ Hol .... dir bitte selbst.

c ▲ Brauchst du das Wörterbuch?

▼ Ja. Gibst du's mir bitte rüber? ⬛ Gibst du .... mir bitte rüber?

d ■ Ich brauche den Tesafilm.

▼ Ich geb'n dir gleich. ⬛⬛ Ich geb..... dir gleich.

e ● Ich habe mir einen Fotoapparat gekauft.

■ Toll. Kannst du'n mir mal leihen? Kannst du .... mir mal leihen?

B3 Phonetik **19** **Hören Sie und lesen Sie leise mit.**
CD3 56

Mein Freund hat mir'n Fahrrad geschenkt,'n super Ding. Wir haben auch schon
'ne Radtour gemacht, nach Wien. Mein Freund hat dort 'nen Onkel. Der hat uns
in so'n Wiener Café eingeladen, das war toll. Fahr auch mal hin, ich kann's dir
nur empfehlen. Ich hab' auch 'nen Prospekt von Wien, ich zeig'n dir mal.

Lesen Sie laut.

20 **Von wem hat Hannelore das bekommen?**

a Notieren Sie.
die Pralinen – von ihrem Onkel
die Blumen – von ...
...

b **Schreiben Sie Sätze.**
1 *Die Pralinen hat sie von ihrem*
Onkel bekommen.
2 *Die Blumen hat sie ...*

Prüfung **21** **Fragen Sie und antworten Sie zum Thema „Geburtstag und Geschenke".**

Thema: Geburtstag und Geschenke	Thema: Geburtstag und Geschenke	Thema: Geburtstag und Geschenke
Wann ...?	Wer ...?	Was ...?

Thema: Geburtstag und Geschenke	Thema: Geburtstag und Geschenke
Wem ...?	Für wen ...?

Wann hat deine Schwester Geburtstag?

Ich schenke ihm ...

WANN?

WAS?

Am 9. Februar.

Was schenkst du deinem Vater zum Geburtstag?

22 **Welche Fragen fallen Ihnen zum Thema „Geschenke einkaufen" ein. Notieren Sie.**

Thema: Geschenke einkaufen	Thema: Geschenke einkaufen	Thema: Geschenke einkaufen
Wo ...?	Wie lange ...?	Was ...?

Thema: Geschenke einkaufen	Thema: Geschenke einkaufen	Thema: Geschenke einkaufen
Haben Sie ...?	Können Sie ...?	Gibt es ...?

D4

23 Eine Hochzeitsfeier. Was passt? Ordnen Sie die Sätze den Bildern zu.

Bild	1	2	3	4	5	6
Satz	f					

a Das Brautpaar und die Gäste sind zum Abendessen im Restaurant.
b Das Brautpaar tanzt zuerst.
c Das Brautpaar und die Gäste fahren durch die Straßen.
d Viele Freunde und Bekannte warten vor der Kirche.
e Die Braut wirft den Brautstrauß. Ein Mädchen fängt ihn. Man sagt, dass sie als Nächste heiratet.
f Der große Moment für das Brautpaar: Sie tauschen die Ringe und sagen „Ja!".
  Sie sind jetzt Frau und Mann.

D4
Schreibtraining

24 Sie waren auch dabei! Schreiben Sie eine E-Mail über diese Hochzeit.

Betreff:

Liebe Alexandra,

stell Dir vor, am Wochenende war ich auf der Hochzeit von Bernhard
und Bianca. Es war toll.

Ich muss ja in der Kirche immer weinen – und es war wirklich so schön:
Bernhard und Bianca haben ...
Vor der Kirche haben viele Freunde ...
Dann sind das Brautpaar und alle Gäste ...
Nach dem Hochzeitsessen hat ...
Es war sehr lustig, und am Ende haben alle getanzt. Dann hat die Braut ...

D4
Schreibtraining

25 Ein besonders schönes Fest: Schreiben Sie eine E-Mail.

a **Sammeln Sie zuerst Informationen:**

■ Wo und was haben Sie gefeiert?
■ Wann haben Sie gefeiert?
■ Wer war dabei?
■ Wie haben Sie gefeiert?
■ Was ist alles passiert?

b **Ordnen Sie die Informationen und schreiben Sie.**

Vor ... – Dann ... – Danach ... – Nach ... – Am Ende ...

26 **Ergänzen Sie.**

unterhalten ● organisieren ● planen ● dekorieren ● tanzen ● einladen ● kochen ● passen ● kaufen

● Nächsten Monat habe ich Geburtstag. Wir sollten die Feier bald *planen* . (a)

▲ Und was möchtest du machen?

● Am liebsten eine Party mit guter Musik. Ich möchte viel .... (b)

▲ Ich weiß nicht, ich möchte mich lieber mit den Gästen .... (c)

● Und dann willst du sicher wieder noch ein großes Menü .... ? (d)

▲ Genau! Ich finde ein gutes Essen sehr wichtig. Da muss man auch nicht so viel

.... (e) wie bei einer Party.

● Also, ich meine, jeder bringt etwas mit, dann müssen wir nur noch die Getränke

.... (f)

▲ Gut. Es ist dein Geburtstag. Und wie viele Leute willst du .... ? (g)

● So etwa 50.

▲ Was? So viele Leute .... (h) doch gar nicht in unsere Wohnung.

● Ach was, das geht schon. Das Motto ist „Strandparty". Da müssen wir das Wohnzimmer noch schön

.... (i). Das gibt gleich eine gute Atmosphäre. Mir ist wichtig, dass die Stimmung gut ist.

▲ Naja, die Hauptsache ist, dass du deinen Spaß hast!

27 **Verrückte Partys**

a **Lesen Sie die Einladungen. Welche Antwort passt? Ordnen Sie zu.**

A	B	C
Tanz auf dem Balkon! Wie viele Leute passen auf ein mal zwei Meter und tanzen Hip Hop? Großer Party-Test in Susis Einzimmerwohnung. Nächsten Samstag ab 22 Uhr. Dies ist Einladung Nr. 131	**Alle feiern Silvester! Wir feiern Neujahr!** Wenn alle schlafen, machen wir unsere Party. **Ort:** bei Michi im Garten **Zeit:** 1. Januar, 6 Uhr morgens	**Fotohandy-Party** Immer nur weggehen? Bleib doch einfach mal zu Hause! Spiel deine eigene Musik und tanz dazu. Mach dein Fotohandy an und mach ein Bild von dir. Schick das Bild an alle anderen. Das wird ein großer Spaß! Die Bilder stellen wir ins Internet.

1 Danke für die Einladung. Endlich mal etwas anderes. Ich kann eine heiße Suppe machen, denn wir wollen ja feiern und es ist sicherlich kalt! Also, eine heiße Suppe? Und du weißt doch: Meine Suppen schmecken auch immer lecker!

2 Toll! Super! Weißt du, ich habe viele CDs. Soll ich die mitbringen? Ich komme mit meiner Freundin Clara. Dann wird es auch richtig voll.

3 Das ist eine gute Idee. Ich habe auch noch eine Idee: Jeder bestellt sich was beim Pizza-Service und fotografiert sich beim Essen. Das ist sicher lustig!

Einladung	A	B	C
Antwort			

Prüfung

b **Schreiben Sie eine Antwort zu einer Einladung aus a. Wählen Sie drei Punkte aus und schreiben Sie zu jedem Punkt ein bis zwei Sätze.**

■ jemanden mitbringen
■ CDs
■ Essen und Getränke
■ Kleidung

Geschenke

CD die, -s	Parfüm das, -s ....
(Hand)Creme die, -s	Schmuck der
DVD-Player der, –	
Geldbörse die, -n	ein·packen,
Rose die, -n	hat eingepackt ....
Kette die, -n	schenken,
	hat geschenkt ....

Feiern

Atmosphäre die	organisieren,
Feier die, -n	hat organisiert ....
Stimmung die, -en	

Gutscheine

Betrag der, ¨e	Wert der, -e ....
Frist die, -en	gültig ....
Gutschein der, -e	persönlich ....

Hochzeit

Braut die, ¨e	Ring der, -e ....
Bräutigam der, -e	Standesamt das, ¨er ....
Brautpaar das, -e	Trauung die, -en ....

Weitere wichtige Wörter

Alkohol der ....

Altersheim das, -e ....

Briefumschlag der, ¨e ....

Ding das, -e ....

Motorrad das, ¨er ....

Raum der, ¨e ....

Reiseführer der, – ....

Rollstuhl der, ¨e ....

Schere die, -n ....

Wäsche die ....

Zentimeter der, –
  (cm) ....

Zoo der, -s ....

dabei sein,
  ist dabei gewesen ....

drücken,
  hat gedrückt ....

holen, hat geholt ....

planen, hat geplant ....

überraschen,
  hat überrascht ....

überzeugen,
  hat überzeugt ....

(sich) unterhalten,
  du unterhältst dich,
  er unterhält sich,
  hat sich
  unterhalten ....

statt·finden,
  hat stattgefunden ....

waschen, du wäschst,
  er wäscht,
  hat gewaschen ....

weinen, hat geweint ....

letzt- ....

vorgestern ....

zuletzt ....

Welche Wörter möchten Sie noch lernen?

....

....

....

....

....

....

....

....

....

....

....

....

Grammatikübersicht

1   Nomen und Artikel

1.1   Genitiv bei Namen

Julias Mutter = die Mutter von Julia

1.2   Dativ als Objekt

Possessivartikel und unbestimmter Artikel

Singular	maskulin	Ich habe	meinem	Vater	ein Bild geschenkt.
	neutral		meinem	Enkelkind	
	feminin		meiner	Oma	
Plural			meinen	Eltern	

auch so: dein-, sein-, ihr-, unser-, euer-;
　　　　　ein-, kein-

1.3   Pronomen

Indefinitpronomen und Possessivpronomen

		Nominativ		Akkusativ		Dativ	
Singular	maskulin	Hier ist	einer.	Ich habe	einen bekommen.	mit	einem
	neutral		eins.		eins		einem
	feminin		eine.		eine		einer
Plural		Hier sind	welche.		welche		welchen

auch so: kein- ⚠Plural: keine – keine – keinen
　　　　　mein-, dein-, … ⚠Plural: meine – meine – meinen

2   Verben

2.1   Reflexive Verben

	sich bewegen	
ich	bewege	mich
du	bewegst	dich
er/es/sie	bewegt	sich
wir	bewegen	uns
ihr	bewegt	euch
sie/Sie	bewegen	sich

Du bewegst dich zu wenig.

auch so: sich anziehen, sich ärgern, sich ausruhen,
　　　　　sich duschen, sich ernähren, sich fühlen,
　　　　　sich interessieren, sich konzentrieren, sich legen, sich
　　　　　setzen, …

2.2 Verben mit Präpositionen

mit Akkusativ

	maskulin	neutral	feminin	Plural
warten auf	den Mann	das Kind	die Frau	die Leute

auch so: denken an,
sich interessieren für,
sich kümmern um, …

mit Dativ

	maskulin	neutral	feminin	Plural
sprechen mit	dem Mann	dem Kind	der Frau	den Leuten

auch so: träumen von,
sich treffen mit, …

2.3 Perfekt

2.3.1 Perfekt: trennbare Verben

*ab*holen	Sie hat ihren Freund *ab*geholt.
*auf*stehen	Maria ist um drei Uhr *auf*gestanden.

2.3.2 Perfekt: nicht trennbare Verben

*be*kommen	Karin hat die Postkarte *be*kommen.
*ver*stehen	Die Polizei hat nichts *ver*standen.

auch so: emp-, ent-, ge-, zer-

2.3.3 Perfekt: Verben auf *-ieren*

pass*ieren*	Was ist pass*iert*?
diskut*ieren*	Wir haben lang diskut*iert*.

2.4 Präteritum

Modalverben

	müssen	können	wollen	dürfen	sollen
ich	musste	konnte	wollte	durfte	sollte
du	musstest	konntest	wolltest	durftest	solltest
er/es/sie	musste	konnte	wollte	durfte	sollte
wir	mussten	konnten	wollten	durften	sollten
ihr	musstet	konntet	wolltet	durftet	solltet
sie/Sie	mussten	konnten	wollten	durften	sollten

2.5 Konjunktiv II

2.5.1 Konjunktiv II: *sollen* – Konjugation

ich	sollte
du	solltest
er/es/sie	sollte
wir	sollten
ihr	solltet
sie/Sie	sollten

2.5.2 Konjunktiv II: *sollen* – Bedeutung

Ratschlag

Sie sollten pünktlich kommen.

2.6 Verben mit Wechselpräpositionen

Wo? + Dativ	Wohin? + Akkusativ
stehen	stellen
hängen	hängen
liegen	legen
stecken	stecken
sein	gehören/kommen
Das Buch steht im Regal.	Stellst du das Buch ins Regal?

3 Adverbien

3.1 Direktional-Adverbien

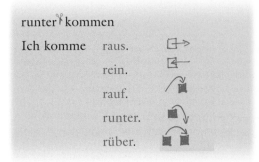

runter kommen

Ich komme raus.

rein.

rauf.

runter.

rüber.

3.2 Präpositional-Adverbien

Verb mit Präposition	Präpositional-Adverb	Fragewort	da/wo + r + Vokal
(sich) erinnern an	da*r*an	Wo*r*an ...?	da*r*an / wo*r*an
Lust haben auf	da*r*auf	Wo*r*auf ...?	
sich interessieren für	dafür	Wofür ...?	
sich ärgern über	da*r*über	Wo*r*über ...?	
sich kümmern um	da*r*um	Wo*r*um ...?	
träumen von	davon	Wovon ...?	

Ich habe keine Lust auf Gymnastik. → Ich habe keine Lust darauf. – Worauf hast du dann Lust?

4 Präpositionen

4.1 lokale Präpositionen

4.1.1 Wechselpräpositionen

		Wo? + Dativ	Wohin? + Akkusativ
		auf/unter ...	auf/unter ...
Singular	maskulin	dem Tisch	den Tisch
	neutral	dem Sofa	das Sofa
	feminin	der Tasche	die Tasche
Plural		den Stühlen	die Stühle
		Das Buch liegt auf dem Tisch.	Ich lege das Buch auf den Tisch.

auch so: an, hinter, in, neben, über, vor, zwischen

4.1.2 lokale Präposition *bei*

bei (+ Dativ)	beim Arzt, bei ihrem Freund, bei ihren Eltern
	Sie lebt noch bei ihren Eltern.

4.2 modale Präpositionen

mit	mit 11, mit 40
	Mit 11 wollte ich Tierarzt werden.
als	als Kind, als Jugendlicher
	Als Kind wollte ich Pilot werden.
von (+Dativ)	von meinem Freund, von meiner Freundin
	Den Gutschein habe ich von meinem Freund bekommen.

5 Satz

5.1 Satzverbindungen: Hauptsatz + Nebensatz: *weil, wenn, dass*

5.1.1 Hauptsatz vor dem Nebensatz

		Konjunktion		Ende
weil	Maria kommt nach Deutschland, Warum ist er müde?	weil Weil	sie Freunde in Deutschland er die ganze Nacht nicht	hat. geschlafen hat.
wenn	Sie können immer zu mir kommen,	wenn	Sie Probleme	haben.
dass	Es ist wichtig	dass	man eine gute Ausbildung	hat.

5.1.2 Nebensatz vor dem Hauptsatz

Weil Maria Freunde in Deutschland hat, kommt sie nach Deutschland.

Wenn Sie Probleme haben, (dann) können Sie immer zu mir kommen.

Dass man eine gute Ausbildung hat, ist wichtig.

5.2 Syntax: Stellung der Objekte

	Dativ(pronomen)	Akkusativ
Du schenkst Du gibst	ihr Tante Erika	*einen Kuchen.* *das Bild.*

	Akkusativpronomen	Dativpronomen
Du gibst	*es*	ihr.

Wortliste

Die alphabetische Wortliste enthält die neuen Wörter dieses Buches mit Angabe der Seiten, auf denen sie zuerst vorkommen. Wörter, die für die Prüfungen *Start Deutsch 1/2* und *Zertifikat Deutsch* nicht verlangt werden, sind kursiv gedruckt. Bei allen Wörtern ist der Wortakzent gekennzeichnet: Ein Punkt (a̦) heißt kurzer Vokal, ein Unterstrich (a̲) heißt langer Vokal. Nomen mit der Angabe (Sg) verwendet man nicht oder nur selten im Plural. Nomen mit der Angabe (Pl) verwendet man nicht oder nur selten im Singular. Trennbare Verben sind durch einen Punkt nach der Vorsilbe gekennzeichnet (ab·schließen).

ab und zu 30
das Abenteuer, – AB 130
das Abitur (Sg) 58, 59
der Absatz, ⸚e 54
ab·schließen 41
der Abschluss, ⸚e 71
die Abschlussprüfung, -en 58
der Abschnitt, -e 73
ab·stellen 23
ab·stufen 55
die Abteilung, -en 42, 45
ach was 49
Acht geben 12
der Adler, – 44
die Aggression, -en 66
ähnlich 44
Ahnung: keine Ahnung 43, 46
das Akkusativpronomen, – 75
die Akrobatik (Sg) 66
aktuell 78
der Alkohol (Sg) 74
alkoholfrei AB 107
allein erziehend 14, 15
allerdings 30
der Alltag (Sg) 54
das Alpenland (Sg) 37
alternativ 27
die Altersgruppe, -n 63

das Altersheim, -e 68
amerikanisch 57
das Amt, ⸚er 18
an sein 24
anders herum 60
der Anfänger, – 53
an·geben 41
der/die Angestellte, -n 43, 63
die Angst, ⸚e 63, 66
an·melden (sich) AB 142
an·rühren 36
an·schauen 21
anscheinend 59, 60
an·schneiden 73
der Anwalt, ⸚e / die Anwältin, -nen 60
der Arbeitgeber, – 47, 63
der Arbeitnehmer, – 43, 63
der Arbeitsplatz, ⸚e 42, 47, 54
die Arbeitswelt (Sg) 38
der Ärger (Sg) 25, 55, 63
ärgerlich 24, 25
ärgern (sich) 50, 51, 52
arm 58
die Armee, -n 46
arrogant 40, 45
die Art, -en 37, 56
Asien 27
der Astronaut, -en 46
die Attraktion, -en 26
auf einmal 12
auf·essen 34
auf·hängen 11
die Auflösung (Sg) 44
der Aufzug, ⸚e 23, 54
aus·drücken 55, 65, 75
aus·geben 39
aus·gehen 14
aus·leihen 24
aus·packen 11, 15
die Ausrede, -n 10
aus·richten 42, 45
aus·ruhen (sich) 50, 55
aus·schalten 41
der Ausschnitt, -e 33
das Aussehen (Sg) 23
außen 26
außer: außer Betrieb 54
außer: außer Haus 42, 45
aus·stellen 24
aus·suchen 36
aus·tragen AB 119
aus·üben AB 119
aus·ziehen (sich) 50

der/die Auszubildende, -n 62
der Autoschlüssel, – 12
der Ball, ⸚e 71
die Bankenstadt, ⸚e 37
der Bankkaufmann, ⸚er / die Bankkauffrau, -en 60
die Bar, -s 64
der Bau, Bauten 27
bauen 26
der Bauer, -n / die Bäuerin, -nen 60
der Bauernhof, ⸚e 60
die Baukosten (Pl) 27
die Bauzeit, -en 27
beachten 40, 78
bedanken (sich) 24
das Bedauern (Sg) 25
beenden 40
die Begabung, -en 44
begegnen 67
der Beginn (Sg) 63
der Begriff, -e 54
begründen 78
beliebt 37, 56
die Beratung, -en 63
bereits 23
die Berghütte, -n AB 130
der Bergsteiger, – 56, 57
berichten 15, 47, 57
der Berliner, – 36
beruflich 23, 57, 63
der Berufsanfänger, – 40
die Berufsfee, -n 64
der Berufsfinder, – / die Berufsfinderin, -nen 64
das Berufskolleg, -s/-ien 62
die Berufsschule, -n 62
der Berufstest, -s 44
der Berufstyp, -en 44
die Berufswahl (Sg) 64
der Berufsweg, -e 65, 79
beschäftigen (sich) 33
Bescheid sagen 24
beschweren (sich) 51
besetzt 32, 35
besteigen 54, 57
der Betrag, ⸚e 72
betreffen 43
betreuen AB 119
Betrieb: außer Betrieb 54
betrunken 41
der Bettelmann, ⸚er 30
bewegen (sich) 49, 50, 54
die Bewegung, -en 51, 54, 63

das Bewerbungsgespräch, -e AB 141
das Bewerbungsschreiben, – 63, 78
der Bezirk, -e 26
der Bierkrug, ⸚e 31
der Biologe, -n / die Biologin, -nen 64
die Biologie (Sg) 58, 62
bis dann 25
blöd 58, 59, 71
bluten 63
der Boden, ⸚ 20
die Bohne, -n AB 109
das Bohnengericht, -e 33
die Bohrmaschine, -n 44
braten 33
der Braten, – 52
die Braut, ⸚e 73
der Bräutigam, -e 73
das Brautkleid, -er 73
das Brautpaar, -e 73
der Brautstrauß, ⸚e 73
der Brautwalzer, – 73
die Brezel, -n 30, 31, 35
der Briefkasten, ⸚ 24, 25
der Briefumschlag, ⸚e 71
die Brotsorte, -n 30
brutal 52
der Buchhändler, – / die Buchhändlerin, -nen 60
das Budget, -s 74
bügeln 48, 49
der Bundeskanzler, – / die Bundeskanzlerin, -nen 33
bunt 26
die Burg, -en 37
das Büromaterial, -ien AB 116
die Busfahrt, -en 53
die CD-ROM, -s 63
chancenreich 63
das Chaos (Sg) AB 91
der Cheeseburger, – 33
die Chemie (Sg) 62
die Chemiefirma, -firmen 57
das Chili con carne (Sg) 33
der Choreograph, -en / die Choreographin, -nen 67
die Collage, -n 70
der Computer-Club, -s 63
das Computerprogramm, -e AB 141
der Container, – 18
die Cornflakes (Pl) 30

das Geschenkpapier, -e 71
das Geschirr (Sg) AB 112
die Gesellschaft, -en 63
das Gesetz, -e AB 119
das Gesundheitsplakat, -e 50
der Gesundheitstipp, -s 50
getrennt 9, 14, 15
gewinnen 31, 70
der Gewinner, – 40
gießen 24, 25
der Gipfel, – 56, 57
gleichfalls 42, 45
die Goldmedaille, -n 52
das Golf (Sg) 53, 77
das Golfhotel, -s 53
der Golfkurs, -e AB 130
die Golfschule, -n AB 130
der Golftrainer, – 53
der Gott, ¨er 30
Gott sei Dank 30
die Grenze, -n AB 130
die Großfamilie, -n 14, 15
die Großstadt, ¨e 37
die Großtante, -n 69
gründen 46, 57
die Grundschule, -n 62
die Grußformel, -n 25
gültig 72
der Gutschein, -e 70, 72
das Gymnasium, Gymnasien 58, 62
die Gymnastik (Sg) 48, 49, 50
der Hafen, ¨ 16
das Hallenbad, ¨er 49
Halt! AB 127
halten 63
der Hamburger, – 33
der Hammer, ¨ 44
das Handball (Sg) 52, 78
der Handballer, – / die Handballerin, -nen 78
das Handballspiel, -e AB 128
die Handcreme, -s 70
der Handelspartner, – 44
der Handgriff, -e 63
das Handwerk (Sg) 62
der Handwerker, – / die Handwerkerin, -nen 38, 39, 44
hängen 19, 20, 21
die Harmonie (Sg) AB 91
hart 29
hassen 62, 65
häufig 46

die Häufigkeit (Sg) 15
die Hauptsache (Sg) 74, 75, 79
der Hauptschulabschluss, ¨e AB 139
die Hauptschule, -n 62
die Hausarbeit (Sg) 14
der Hausmeister, – 18, 19
der Hausschuh, -e 21
die Hefe (Sg) 36
die Heimat (Sg) 37, 57
herein·bitten 34
herein·tanzen 63
her·geben AB 106
her·stellen 33, 38, 47
herum·gehen 7
herzhaft 30
das Hilfsmittel, – 56
himmlisch 33
hin·legen AB 106
hinterlassen 79
der Hip Hop (Sg) AB 130
hoch·gehen 54
hoch·legen 50
das Hochzeitsessen, – AB 152
die Hochzeitsfeier, -n 73
der Hochzeitstag, -e 23
die Hochzeitstorte, -n 73
der Hof, ¨e 19, 20, 23
die Hoffnung, -en 25
das Holz, ¨er 44
der Honig (Sg) 30, 37
der Hunde-Friseur, -e 70
im Sitzen 30
im Stehen 30
die Imbissbude, -n 33
das Immunsystem, -e 50, 78
das Indefinitpronomen, – 35
industriell 47
das Informationsmaterial, -materialien 53, 55, 79
das Inland (Sg) AB 142
insgesamt 43
das Institut, -e 43
das Instrument, -e 7
intelligent 58
das Interesse, -n 55, 61
die Internetanzeige, -n AB 130
inzwischen 67
irgendwo 46
das Jahrhundert, -e 56
das Jahrzehnt, -e 33
Japan 43
je 37

jetzige – 47
das Jura (Sg) AB 143
der Kaiser, – 30
die Kalorie, -n 37
kämmen (sich) AB 122
das Kännchen, – AB 107
die Kanne, -n 31
die Kantine, -n 41
der Kanzler, – 33
der Kapitän, -e / die Kapitänin, -nen 64
kaputtgehen 46, 73
die Karriere, -n 58
der Käsekuchen, – AB 107
kaum 51
kcal 37
der Kellner, – / die Kellnerin, -nen 32, 64
das Kennenlern-Lied, -er 17
das Kerzenlicht (Sg) 72
das Ketchup (Sg) 33
die Kette, -n 70, 71, 75
der Kinderspielplatz, ¨e 27
der Kinderwagen, – 23
der Kinofilm, -e AB 125
die Kinokarte, -n AB 84
kirchlich 73
die Kirschtorte, -n AB 107
die Kiste, -n 23
der Klaben, – 36, 37
der Kleiderschrank, ¨e 22
die Kleinfamilie, -n 14, 15
die Kleinigkeit, -en 51
der Kletterer, – 57
das Klettergebiet, -e 56
klettern 53, 56
die Kletterregel, -n 56
die Klettertechnik, -en 56
die Kletter-Tour, -en AB 130
der Kletterweg, -e 56
klingen 37, 53, 55
die Kniebeuge, -n 54
der Knochen, – 70
der Koch, ¨e / die Köchin, -nen AB 142
kombinieren AB 89
komisch 29, 73
komplex 78
der Komponist, -en / die Komponistin, -nen 19
die Konditorei, -en AB 107
der Konflikt, -e 63
das Konflikttraining, -s 63
konkret 64
konstruktiv 63

der Kontinent, -e 37
die Konversation, -en 78
die Konzentrationsübung, -en 50
konzentrieren (sich) 48, 50, 55
die Korinthen (Pl) 36
der Korkenzieher, – 46
der Körper, – 56, 63
die Kostümparty, -s 74
die Krankenschwester, -n 44, 64
der Kranz, ¨e 36, 37
die Krippe, -n 62
das Küchen-Quartett, -s 31
die Kultur (Sg) 63
die Kündigung, -en 47, 63
die Kunst, ¨e 27, 62, 63
kunsthistorisch 26
der Künstler, – / die Künstlerin, -nen 26, 27
der Kunststoff, -e 46
das Kunstwerk, -e 16, 17
die Kürbiscremesuppe, - n 32, 78
die Kursbeschreibung, -en 78
das Kursbuch, ¨er AB 139
der Kuss, ¨e AB 128
küssen (sich) 23
der Langschläfer, – die Langschläferin, -nen 24
das Laptop, -s AB 106
der Lärm (Sg) 50
die Lasagne, -n 34
das Lateinamerika (Sg) 33
die Latte Macciato 32
die Laufgruppe, -n 54
der Laut, -e AB 108
die Lebensform, -en 14, 15
der Lebensgefährte, -n / die Lebensgefährtin, -nen 67
der Lebkuchen, – 36, 37
das Leckerli, -s 36
legen (sich) 21, 25, 50
die Lehre, -n 60, 62
der Lehrling, -e AB 142
leicht 44
der Leiter, – / die Leiterin, -nen 67
die Lernkarte, -n AB 109
der Licht- und Videoeffekt, -e 66
das Lieblingsfach, ¨er 62, 65, 79
der Lieblingsjoghurt, -s AB 91

die Sache, -n 29, 70
die Sachertorte, -n 37
sachlich 40
sächsisch 56, 57
der Saisonpreis, -e AB 130
das Salamibrötchen, – 33
salzig 33
samstags 53
der Sandstein, -e 56
der Sandsteinfelsen, – 56, 57
das Sandwich, -es 33
satt 34
der Satzteil, -e AB 147
sauber machen 24
die Sauberkeit (Sg) 18
säubern 63
das Sauerkraut (Sg) 33
scharf 33, 79
das Schema, -s/Schemata 62
schenken 70, 71, 75
die Schere, -n 71
das Schinkenbrötchen, – 33
die Schleife, -n 71
schließlich 11, 15, 33
der Schmuck (Sg) 70, 75
der Schneider, – / die Schneiderin, -nen 60
der Schnupperkurs, -e 78
die Schnur, -̈e 71
schon einmal 12
schrecklich AB 86
die Schreibtischlampe, -n AB 97
der Schreiner, – / die Schreinerin, -nen 38, 62
der Schritt, -e 64
die Schublade, -n 21
das Schuhregal, -e 21
das Schulfach, -̈er AB 144
die Schulferien (Pl) AB 119
das Schulsystem, -e 62
der Schulweg, -e 62
die Schulzeit, -en 62, 65, 79
schwach 50
der Schwager, – / die Schwägerin, -nen 13
schwanger 9, 15, 49
die Schwebebahn, -en 66
der Schweinebraten, – 32
die Schwiegereltern (Pl) 14
die Schwiegermutter, -̈ 14
der Schwiegervater, -̈ 13, 14

das Seil, -e 56, 57
selbe 12
selbstverständlich 54, 55
selten 30, 35, 54
senden 53
das Seniorenheim, -e 68
die Serie, -n AB 142
setzen (sich) 32, 34, 50
sicherlich AB 153
das Silbenrätsel, – AB 129
der Single, -s 14, 15
der Sitz, -e 12
der Sitzplatz, -̈e 32, 78
das Skateboard, -s (fahren) AB 134
die Ski- und Snowboardschule, -n 53
das Skigebiet, -e AB 130
die Ski-Hütte, -n AB 130
der Skikurs, -e AB 129
der Skilehrer, – / die Skilehrerin, -nen AB 129
der Skipass, -̈e AB 129
der Ski-Spaß (Sg) AB 130
so ... wie 40, 45
das Soldatenmesser, – 46
der Sommer-Bergspaß (Sg) AB 130
die Sommerferien (Pl) AB 125
der Song, -s 33
sonnabends AB 132
der Sonnenschirm, -e AB 106
der Sonntagmittag, -e 52
sonntags 29
die Sorge, -n 59, 76
sorgen 18
die Sorte, -n 33, 38
sozial 44
der Spanier, – / die Spanierin, -nen 19
sparen 39
speichern 63
der Spiegel, – 49
der Spieler, – / die Spielerin, -nen 31, 57
spielerisch 63
die Spitze, -n 43
die Sportart, -en 49, 53
der Sportler, – / die Sportlerin, -nen 57
die Sportnachrichten (Pl) 51
die Sportreise, -n 53
der Sportreiseveranstalter, – 53

die Sportschau (Sg) AB 127
der Sportunterricht (Sg) AB 139
der Sportverein, -e AB 135
spülen 41
die Städtefreundschaft, -en 17
die Städtepartnerschaft, -en 16, 17
der Stadtname, -n 17
der Stammbaum, -̈e 13
das Standesamt, -̈er 73
stärken 50, 78
die Starthilfe 40
statt·finden 74
stecken 20, 21, 25
der Stein, -e 56
die Stellenanzeige, -n 41
die Stellung, -en 75
still 23
die Stimmung (Sg) 74
der Stollen, – 36, 37
stören 41
die Strandparty, -s 74
das Straßenfest, -e 74
streichen AB 105
der Streit, -s 63
streiten 23
die Stromrechnung, -en 24
die Studie, -n 43, 78
der Studienabschluss, -̈e AB 142
die Studienreise, -n 27
stundenlang 30
stundenweise 41, 45
Südamerika (Sg) 19
südöstlich 56
süß 33, 36, 37
die Süßigkeit, -en 37
die Süßspeise, -n 37
das Symbol, -e 44
die Syntax (Sg) 75
die Tonne, -n 27
der Tag der Deutschen Einheit (Sg) 43
der Tageskurs, -e 53
der Tagesskipass, -̈e 53
die Tante, -n 13, 68, 69
der Tanz, -̈e 63, 67
die Tanzausbildung, -en 67
der Tänzer, – / die Tänzerin, -nen 64, 66
der Tanzlehrer, – / die Tanzlehrerin, -nen AB 130
die Tanzparty, -s 74

der Tanzschritt, -e 67
das Tanztheater, – 66, 67
das Tanztheaterstück, -e 67
das Taschenmesser, – 46
die Tasse, -n 12, 31, 41
die Tätigkeit, -en AB 119
tatsächlich 64, 73
tauschen 21
Taxi fahren 41, 45
die Technik (Sg) 63
der Teelöffel, – 31
der Teig, -e 38
teil·nehmen 63
die Teilzeit (Sg) 41
telefonisch 74
der Teppich, -e 20
der Tesafilm, -e 71
testen 37
die Theatergruppe, -n AB 143
das Theaterstück, -e 66
das Tischtennis (Sg) 53
tja 37
der Toast, -s 30
das Top-Angebot, -e 53
der Topf, -̈e 31
die Torte, -n 36, 37, 73
der Tourismus (Sg) AB 134
traditionell 33
tragen 73
die Träne, -n 73
der Tratsch (Sg) 23
tratschen 23
der Traumberuf, -e 64
traurig 10
die Trauung, -en 73
trennen 18, 19
das Trinkgeld, -er 32
Tschechien (Sg) 56
der Turnschuh, -e 21
der Typ, -en 44
typisch 33, 44, 67
üben AB 99
überleben 46
übernehmen AB 142
überprüfen 56
überraschen 72
übersetzen 41
die Überstunde, -n 40
übertreiben 40, 54, 55
überzeugen 74
übrig: etw. übrig lassen 34
der Umgang (Sg) 63
umgehen 63
umradeln 54
um·ziehen (sich) AB 123
unbequem 12

Quellenverzeichnis

Umschlag: Hueber Verlag/Alexander Keller

Seite 13: Großeltern © Hueber Verlag/Monika Hauf; Brautpaar links © Hueber Verlag/Margot Mahlknecht; Brautpaar rechts © Hueber Verlag/Dieter Schwarz; Julia + Cousin © Hueber Verlag/Dieter Reichler; Frau rechts neben Cousin © Hueber Verlag/Jens Funke; Paar unten rechts mit Kindern © Hueber Verlag/Angelika Hanitzsch

Seite 16: Stadtwappen und Stadtansicht Rostock © Hansestadt Rostock/Irma Schmidt; Logo Fußballverein Hansa Rostock © F.C. Hansa Rostock e.V.; Stadtwappen Magdeburg, „Der Magdeburger Reiter", Magdeburger Dom und Stadtansicht Magdeburg: © Landeshauptstadt Magdeburg: Amt für Öffentlichkeitsarbeit und Sitzungsmanagement

Seite 17: Stadtansicht Braunschweig © Your Photo2day/EAD/Bernd Ducke; „Der Braunschweiger Löwe" © fotolia/fotobeam.de; Stadtwappen Braunschweig © Stadt Braunschweig

Seite 22: C3 Zeichnungen © Hueber Verlag/Franz Specht

Seite 26, 27: Stephansdom, Schloss Schönbrunn, Prater © Österreich Werbung; Hundertwasserhaus in Wien © Österreich Werbung/Diejun; Friedensreich Hundertwasser © picture-alliance/IMAGNO/Sepp Dreissinger

Seite 31: B3 Zeichnungen © Hueber Verlag/Franz Specht

Seite 32: C1: A+C © Hueber Verlag/Monika Bender; B + D © Hueber Verlag/Gerd Pfeiffer

Seite 33: D1 © iStockphoto/DirkRietschel; D2 © Ildar Nazyrov, Berlin; D3 alle Hueber Verlag

Seite 36: Bremer Klaben © Konditorei Knigge OHG, Bremen/www.knigge-shop.de; Marzipan © Hueber Verlag; Berliner © PantherMedia/hks6; Dresdner Stollen © fotolia/by-studio; Nürnberger Lebkuchen © Lebküchnerei Gerd Klinger/www.lebkuchenversand.de; Linzer Torte © Österreich Werbung/Trumler; Salzburger Nockerl © ÖsterreichWerbung/Schreiber; Basler Leckerli © Läckerli-Huus; Frankfurter Kranz © ketchum.de; Aachener Printen © PantherMedia/bikers-flohmarkt; Bremer Stadtansicht © fotolia/wiw

Seite 42: © irisblende.de

Seite 44: 1 – 6 © Hueber Verlag/Franz Specht

Seite 46, 47: Portrait Karl Elsener; Das Soldatenmesser, Das Schweizer „Offiziersmesser" von 1897, Messer, zugeklappt, „Schweizer Offiziermesser" (Camper), Firmengebäude © Victorinox AG / www.victorinox.ch

Seite 53: 1, 4 © Thinkstock/iStock/joingate; 2 © Thinkstock/Hemera/Ruslan Olinchuk; 3, 5, 7 © Thinkstock/iStock/Mervana; 6 © Thinkstock/iStock/bubaone

Seite 54: © irisblende.de

Seite 56: Kliffhänger, Elbe und Schrammsteine, Lilienstein, Basteibrücke © Tourismusverband Sächsische Schweiz/Frank Richter, Bad Schandau

Seite 57: Fritz Wiessner © Stutte Verlag; Postkarte: W.H.D. 10374

Seite 60: A2 oben © irisblende.de; unten © Hueber Verlag/Dieter Reichler; A4 Zeichnungen © Hueber Verlag/Franz Specht

Seite 62: 1, 2, 3 © MEV; 4 Hueber Verlag/Werner Bönzli

Seite 64: © Dagmar Stratenschulte; Interview: Katja Winckler/Uta Glaubitz/www.berufsfindung.de

Seite 66: „Palermo Palermo" © Jochen Viehoff; Stadtwappen Wuppertal © Stadt Wuppertal; Bahn © Medienzentrum Wuppertal

Seite 67: Fotos © Jochen Viehoff; Pina Bausch © INTERFOTO/Moore

Seite 72: C1: A – D © Hueber Verlag/Franz Specht